POÉTICA, POLÍTICA Y RUPTURA

La "Revolución Argentina" (1966-73):
Experimento frustrado de imposición liberal
y "normalización" de la economía

Lola Proaño Gómez

POÉTICA, POLÍTICA Y RUPTURA

La "Revolución Argentina" (1966-73):

Experimento frustrado de imposición liberal

y "normalización" de la economía

Argus-*a*
Artes y Humanidades / Arts and Humanities
Buenos Aires - Los Ángeles
2020

Poética, política y ruptura. La "Revolución Argentina" (1966-73).

2da. edición revisada y ampliada.

ISBN 978-1-944508-27-2

© 2020 Lola Proaño Gómez

Diseño de tapa: Argus-*a* Artes y Humanidades/Arts & Humanities

Ilustración de tapa: Gentileza de Julián Espinosa Montalvo

Primera edición: *Poética, política y ruptura. Argentina 1966-73*

Buenos Aires: Atuel, 2002

ISBN 987-9006-91-7

All rights reserved. This book or any portion thereof may not be reproduced or used in any manner whatsoever without the express written permission of the publisher except for the use of brief quotations in a book review or scholarly journal.

Editorial Argus-*a*
16944 Colchester Way,
Hacienda Heights, California 91745
U.S.A.

Calle 77 No. 1976 – Dto. C
1650 San Martín – Buenos Aires
ARGENTINA
argus.a.org@gmail.com

ÍNDICE

Agradecimientos   I

PRÓLOGO   i

Introducción   1

PRIMERA PARTE

I-La Argentina: Un "mundo escindido":   29

1. La ruptura como frontera: una muralla imaginaria   32

2. La Argentina: un paisaje problemático   39

3. Miradas, espacios y paisajes alternativos   45

4. El límite en el espacio escénico   52

5. Subversivos versus represores   58

6- La escena teatral después del Cordobazo   61

II-"Apariencia" y "realidad": La construcción

De la identidad nacional: 73

1. Realidad y ficción en el discurso político   74

2. La "ficción" de la "realidad" en el teatro   83

3. El espacio de la "argentinidad"   91

4. La "patria" desmitificada   102

SEGUNDA PARTE

III- La Nación como cuerpo político — 111

1. La dictadura, Padre y espíritu del cuerpo nacional — 114

2. La "Revolución Argentina": ¿un estado espiritual? — 117

3. El cuerpo del Padre: materia en descomposición — 122

4. "Que cada uno haga lo suyo": la jerarquización de los miembros del cuerpo político — 130

5. La obstinación de los cuerpos: aparición de lo reprimido — 137

6. La emergencia del cuerpo en la escena teatral — 142

7. El cuerpo significante de la nacionalidad — 148

TERCERA PARTE

IV- La Argentina, cuerpo de mujer: enfermedad, Manicomio y cura — 157

1. El cuerpo político de la nación feminizada — 157

2. La creación, re-nacimiento de la verdadera vida — 167

3. La violación del cuerpo nacional — 172

4. El cuerpo nacional enfermo de muerte

5. La Argentina era un manicomio — 177

6. La dictadura y la "cura" de la nación   192

7. Diagnóstico y reactivación del cuerpo nacional

en la resistencia   197

Conclusión   205

Obras citadas   215

Fuentes   226

Agradecimientos

Esta segunda edición es producto de mi estadía en Argentina a partir del 2012 y de la generosidad, acogida e impulso recibido desde el Grupo de Teatro Contemporáneo, Política y Sociedad en América Latina, del Instituto Gino Germani, Universidad de Buenos Aires. Mis agradecimientos a todos sus integrantes, especiamente a su coordinadora, Dra. Lorena Vezero, quién me invitó a ser integrante del mismo. Especial mención para Gustavo Geirola por su amistad y sus renovadas muestras de interés crítico e indeclinable apoyo a este proyecto y animarme a publicar una segunda edición ampliada de este trabajo.

Este libro ha sido posible gracias a la generosidad de todas aquellas personas que durante mis visitas a la Argentina y durante el proceso de investigación, fueron fundamentales en su desarrollo. Mi especial agradecimiento a Osvaldo Calatayud, Roberto Perinelli y Osvaldo Pelletieri, quienes fueron mis primeros contactos en Buenos Aires; a Cesar Isella, Norman Briski, Leonor Manso, Roberto Cossa, Juan Carlos Gene, Roberto Villanueva, Ricardo Halac, Carlos Gorostiza, Ricardo Monti, Luis Ordaz, Marta Lena Paz, Eduardo Romano, David Viñas, Alejandra Boero, Adriana Genta, Marcelo Gobelo, Patricia Zangaro, Elizabeth Roig, Ricardo Talesnik y Ricardo Salton, por la generosidad con su tiempo para compartir sus conocimientos y sus recuerdos en largas conversaciones; a Beatriz Mosquera, Carlos Ianni, Marina Pianca, Beatriz Seibel y Ana Alonso, por colaborar con importantes materiales de investigación. A todos ellos, muchas gracias.

Agradezco especialmente al Dr. Juan Villegas, director de la tesis doctoral que dio origen a este trabajo y al Dr. Hernán Vidal, quienes con sus reflexiones y críticas tanto durante mis estudios doctorales en la Universidad de California (Irvine), como posteriormente, fueron fundamentales en la elaboración del manuscrito. Agradezco también al Dr. Gerardo Luzuriaga, por su apoyo como integrante del Comité Evaluador del Doctorado. Mi reconocimiento también a mis colegas del grupo de investigación de la Universidad de California (Irvine Hispanic Theater Research Group).

Quiero agradecer a Julián Espinosa Montalvo quien me permitió incorporar su dibujo para la ilustración de tapa de esta edición.

Finalmente debo agradecer a Ricardo Gómez, que además de constituir mi mayor apoyo emocional y compartir generosamente su tiempo conmigo en largos diálogos, contribuyó con sus comentarios críticos a mejorar la versión final de las dos versiones de este ensayo.

PRÓLOGO

Poética, Política y Ruptura vuelve la mirada hacia un momento de la historia argentina que generalmente ha sido dejado de lado. A la luz del horror generado por la llamada dictadura del "Proceso", el período dictatorial que se inicia en junio de 1966 con el General Juan Carlos Onganía tiende a verse como un momento "blando", cuyo acontecer político no resulta tan conmovedor como los años del terror que le sucedieron.

Este trabajo intenta regresar hacia esos años, para remover temáticas que no se manejaron y que hoy siguen cobrando sentido y descubriendo las máscaras discursivas de la ideología detentada no sólo por la dictadura, sino por gobiernos "democráticos" que han gobernado en el pasado y han seguido haciéndolo en el presente en la Argentina.

En los estudios históricos o políticos, se acentúa usualmente una perspectiva macro que pone el acento en las instituciones y los partidos políticos. Este trabajo intenta mostrar cómo se asumen las metáforas circulantes de manera inconsciente en los protagonistas de la(s) historia(s) y cómo ellas se constituyen en estructuras mentales, categorías que organizan la conciencia empírica de un grupo social particular y del mundo imaginativo creado por el productor (Williams 23). Esto nos revela cómo se vive la historia en el momento en que la experimentan sus protagonistas y cómo ellos responden a la "atmósfera afectiva"[1] generada por la dictadura.

---

[1] Ben Anderson reelabora la "estructura del sentir" propuesta por Raymond Williams y, siguiendo a Paolo Virno (2004), propone la existencia de una *atmósfera afectiva*, que ostenta una semblanza familiar con ese concepto puesto que implica,

La novedad de este estudio consiste en la forma poco frecuente en que se leen los textos analizados y en la incorporación de muchos textos de diferente naturaleza. Este ensayo propone otra manera de leer conjuntos de discursos mayores, que se organizan como constelaciones, tomando la metáfora como la unidad ideal para observar el proceso de transcodificación, puesto que ella, gracias a la asociación de significados que le es propia, permite descubrir la funcionalidad de los símbolos a las diversas posiciones ideológicas que discuten, en ese momento, el modelo cultural argentino (White 47).

El estudio de los productos culturales de estos años en la Argentina sugiere la existencia de un sistema cultural, cuya característica más sobresaliente es la presencia, en mayor o menor grado, de dualidades que se expresan en rupturas sucesivas; estas rupturas, que se concretan diversamente, se manifiestan en los distintos discursos a través de un sistema cultural que denominaré Poética de la Ruptura sin dejar de considerar dentro de ella una pluralidad.

La inercia simbólica permanece y aunque las condiciones histórico políticas de emisión del discurso no sean las mismas, el

---

en sentido duplicado y contradictorio, lo efímero y lo transitorio junto a lo estructurado y duradero: un fenómeno colectivo compartido. La consideración de la "atmósfera afectiva" permite auscultar los afectos colectivos que no son reducibles a los cuerpos individuales de donde ellos emergen, ellas mezclan narrativa y elementos significantes; posibilitan un mejor entendimiento del sometimiento o la resistencia al orden social que presentan estos productos culturales y permite detectar el surgimiento de nuevos órdenes sociales que desafían la normatividad. En los discursos culturales que forman el corpus de este ensayo, es posible observar *cómo* las atmósferas afectivas se toman y se trabajan en la vida y cómo nuestros personajes/voces/discursos lidian en sus respectivas situaciones haciendo de sus emociones, elementos de resistencia. Este *"cómo"* implica siempre una posición ideológica y un conocimiento histórico y político que guía las acciones intencionalmente (Anderson 8-77-78).

juego metafórico transparenta una estructura ideológica-social subyacente. Hoy, a raíz de la restauración neoliberal (2015-2019), el discurso político del poder ha re-instalado, por ejemplo, la idea de una grieta que divide la Argentina, metáfora que correspondería a la sucesión de metáforas de la época estudiada que revela una Argentina escindida. Si bien al discurso del presente macrista neoliberal no le interesa la "argentinidad", discute en cambio el derecho a los derechos de la población, dividiendo a los argentinos entre aquellos que tienen derecho al acceso a la educación, al trabajo, el derecho a las vacaciones, etc. y los que no lo tienen.

He leído con detenimiento los discursos de los tres dictadores[2] que se sucedieron en el gobierno de facto desde 1966 hasta 1973 y que representan fundamentalmente tres tendencias, la paternalista, la nacionalista y la liberal, respectivamente: Juan Carlos Onganía (1966-1969), Roberto Levingston (1969-1971) y Alejandro Lanusse (1971-1973), representantes de la llamada "Revolución Argentina". Integran el corpus de este estudio también los discursos opositores de Carlos Mugica, sacerdote tercermundista y representante de la Teología de la Liberación, de Agustín Tosco, dirigente del sector metalúrgico del sindicalismo, la correspondencia de Juan Domingo Perón desde el exilio en España, y los escritos de Ray-

---

[2] Cuando al iniciar este estudio busqué los discursos de los tres integrantes del gobierno de la "Revolución Argentina", me fue imposible encontrarlos incluso en la biblioteca del Congreso Nacional argentino. Sorpresivamente y no tanto, los conseguí a través de un pedido que hice desde la biblioteca de la Universidad en que terminaba mi doctorado, la Universidad de California, Irvine, a la Biblioteca del Congreso de Washington. El resultado no se hizo esperar: me llegaron todos los discursos debidamente ordenados y encuadernados. Es sobre esos documentos que trabajé el corpus de los discursos dictatoriales 1966-73.

mundo Ongaro, dirigente de los sectores Peronistas del sindicalismo.

De la producción cultural, inevitablemente relacionada con los procesos históricos he considerado los textos dramáticos de Alberto Adellach, Roberto Cossa, Ricardo Talesnik, Germán Rozenmacher, Griselda Gambaro, Guillermo Gentile, Julio Mauricio, Ricardo Monti, Walter Operto y Eduardo Pavlosky. He incluido, además, la producción lírica popular del naciente rock argentino, el "folklore", la canción protesta, y alguna música "complaciente". Seleccioné la música de acuerdo al mayor número de ediciones musicales registradas en Argentina hasta 1973; tomo ese dato como testimonio de su popularidad durante estos años y lo interpreto como un tácito acuerdo de amplios grupos de la sociedad con lo que en esa música se expresaba, todo lo cual hace suponer que era representativa de la sensibilidad social del argentino de la época; además se incorporan al estudio publicaciones periodísticas, caricaturas y cartas de los lectores.

El lector se encontrará con tres partes: la Primera Parte "La Argentina, un mundo escindido", donde se reflexiona sobre los distintos modos que la ruptura del sistema metafórico se expresa; la Segunda Parte, "La nación como cuerpo político", en la que exploramos la figuración de la nación como cuerpo enfermo y su relación con la implementación de la política de la "Revolución Argentina y, finalmente la Tercera Parte "La Argentina, cuerpo de mujer, enfermedad, manicomio y cura: donde analizamos la pretendida justificación de las acciones de la dictadura mediante la descripción del cuerpo político como un cuerpo enfermo al que la dictadura tiene que cuidar y guiar para su restablecimiento.

Este estudio aspira a proporcionar una visión diferente de los procesos sociales, y de la explicitación de la confrontación o la alianza de los diversos sujetos sociales en la lucha por imponer su modelo cultural. Tal como afirma Juan Villegas, más allá de la funcionalidad instrumental dentro de la lucha política que tienen los textos a estudiarse, su presencia constituye una afirmación simbólica del poder del grupo emisor y su correspondiente ideología (163). En segundo lugar, el estudio se inspira en algo que resulta intrigante: la semejanza, en ciertos aspectos, con lo que vivimos a fines del siglo veinte y actualmente en la Argentina, como parte de un proceso que se está dando de modo generalizado en América Latina. El estado nacional, la identidad nacional y el concepto mismo de nación han sido sometidos a un bombardeo y sentenciados a su desaparición en nombre del desarrollo y la integración de la Argentina -como de toda Latinoamérica- al Primer Mundo. Ya a fines del siglo pasado se había proclamado la muerte de las utopías, de las naciones y de su soberanía. Se ha reducido el aparato estatal y su injerencia en la vida del país, al punto que espacios neurálgicos en la vida de una nación han quedado en manos ajenas o son desmantelados con el consiguiente abandono del cuidado de la población. A partir de fines del 2019 con el cambio de color político de la conducción del país algunos de estos aspectos se han empezado a revertir.

La situación actual de Argentina (2019) parece ser la versión posterior de lo que sucedió en los sesenta y setenta tal como lo testifica la revista *Panorama* (Año VIII, No.186. 17-23 de noviembre de 1970), cuando transcribe las afirmaciones de Jorge Selser, en "El nuevo frente: Cuando los ex enemigos se ponen de acuerdo":

> Los argentinos estamos luchando en todo el país en una batalla de sobrevivencia frente al privilegio antinacional. En distintos campos, desde los trabajadores hasta las estudiantes, desde la juventud a la madurez... Las fuerzas de la producción, sin cónsul en los bancos y en la política económico-financiera oficial, trabajan estérilmente para escapar a la

competencia y voracidad desnacionalizadora (sic) de los monopolios..." (11).

La similaridad impactante con los hechos ocurridos a principios del 2002, que llevó al periodismo internacional a afirmar que el país estaba en "bancarrota", testimonia la actualidad de este estudio que descubre una continuidad en los sentidos estructurantes de los argumentos que defienden solapadamente ideologías opuestas. A partir del 2015, con la presidencia neoliberal de Mauricio Macri, a tres años de su gobierno, se habla ya de un "default" de la Argentina por el alto endeudamiento adquirido con el Fondo Monetario Internacional; es evidente además su intención desnacionalizadora. A nivel simbólico es posible mencionar el borramiento de la historia incluso en los billetes donde los héroes o próceres nacionales han sido reemplazados por animales o la confesión pública del deseo de seguir siendo colonias españolas, implícita en el pedido de disculpas al Rey de España en el aniversario de la Independencia argentina.[3] Todo lo anterior apuntando a la extranjerización de que le acusa la oposición a la "Revolución Argentina", tan de la mano, en el presente, con la globalización capitalista neoliberal.

---

[3]El discurso, pronunciado ante el ex Rey de España, única autoridad extranjera invitada a la celebración del Bicentenario por el entonces presidente de la Argentina Mauricio Macri, en una frase que se refería a los patriotas que tomaron la decisión de independizarse de la corona española en 1816, seis años luego de que la Revolución de Mayo había echado a los gobernantes impuestos por España, decía: "Estoy acá (en Tucumán) tratando de pensar y sentir lo que sentirían ellos [los patriotas] en ese momento. Claramente deberían tener angustia de tomar la decisión, querido Rey, de separarse de España".

INTRODUCCIÓN

En la década de los sesenta, con proyectos como la Alianza para el Progreso o el Mercado Común Latinoamericano, se vivía la tensión entre la conveniencia de una integración internacional y el mantenimiento de una identidad nacional. Se hablaba todavía de la necesidad de alcanzar una independencia no solo política sino económica; era el momento del crecimiento de la industria de los países latinoamericanos -especialmente Brasil y Argentina- y de la sustitución de importaciones. Sin embargo, dichos países dejaron de ser los proveedores de las principales materias primas a los grandes centros industriales, lo que los mantuvo en una desventaja económica respecto de la balanza de pagos y de la deuda externa.

I- En Argentina, en el período de la autodenominada "Revolución Argentina" (1966-73) se buscaba la homogeneización de los argentinos y de lo que se debía entender como "la nación", mediante un proceso autoritario de eliminación de las diferencias; esto se conseguiría por medio de la imposición vertical de decisiones, diagramas y planes económicos que, según se decía, pretendían hacer despegar a la Argentina en su marcha hacia el progreso.

Hacia 1966, la crisis de gobierno, régimen y acumulación capitalista había alcanzado su máximo grado desde la derrota de Perón en 1955 por el agotamiento de recursos estatales. A esto se sumaba la radicalización política que vivía Latinoamérica por la influencia cubana y que ya se hacía sentir en la Argentina. Como Guillermo O'Donnell bien lo explica, la "Revolución Argentina" había surgido como la única solución funcional para corregir lo que se veía como la desviación del régimen de acumulación capitalista en la Argentina durante los gobiernos anteriores. Un nuevo rumbo posible para el país ponía en peligro el modelo cultural liberal que había regido en la Argentina desde el inicio de la nacionalidad.[4] La función principal del régimen militar que gobernó a partir de 1966, según sus discursos, era establecer la "normalización" del modelo económico para ajustarlo al modelo tradicional, mediante el control estricto del orden nacional, procedimiento que buscaba subordinar no solo a los sectores populares, sino también a la burguesía agraria con el fin de que aceptara los patrones de acumulación de la alta burguesía. Pero la "Revolución Argentina" parece haber sido más que un interregno para establecer una nueva ruta de gobierno, según Anzorena ella:

> Con toda la soberbia que implica reivindicarse la reserva moral de la Nación, asume el gobierno para efectuar grandes y profundos cambios en la estructura económica, social y política argentina.... Es el proyecto del *establishment* económico que decide tomar el gobierno y ejercer el poder a través de las FF.AA. Sin ningún tipo de tinte legalista (Anzorena 13).[5]

---

[4] He elegido fundamentar mi estudio con *Bureaucratic Authoritarianism. Argentina, 1966-73, in Comparative Perspective*, de Guillermo O'Donnell y posteriormente, *Violencia y utopía* de Oscar Anzorena por ser detalladas y complejas historias sobre los años que este estudio cubre. Considero fundamental el modelo explicativo de O'Donnell porque, por una parte, si bien se ha criticado el modelo histórico propuesto como no perfectamente explicativo para Chile y Brasil, no he encontrado ninguna crítica que ponga en crisis tal modelo respecto de la Argentina de 1966-1973; las críticas señalan más bien la pertenencia de tal modelo al fenómeno argentino. Además, luego de haber analizado los textos políticos. teatrales y líricos que constituyen el corpus de este estudio, me ha sorprendido la coincidencia obvia que aparece entre la descripción de la dinámica histórica, social y política que O'Donnell y Anzorena realizan con mis propias conclusiones hechas en base al sistema metafórico que se configura desde el análisis de una amplia variedad de productos culturales.

[5] En mayo de 2020, cuando preparo esta edición, Mauricio Macri ha gobernado la Argentina por cuatro años (2015-2019), imponiendo la política económica neoli-

En 1967, el plan económico liberal que propone Krieger Vasena encargado de la economía y aliado ideológico del sector liberal del Ejército hace imposible la superación de la situación de ruptura acentuada y reconocida por la dictadura. Onganía había aceptado en la división del poder con la fracción liberal de las Fuerzas Armadas, cuya cabeza era Alejandro Lanusse. Las restricciones económicas impuestas por el plan económico mencionado eran tan fuertes, que la población sentía que eran ellas el principal motivo de que su libertad estuviera coartada y sus derechos seccionados y que, por ello, se viera excluida de la vida nacional, tal como aparece en los discursos estudiados a continuación. Sin embargo, subsistían fuerzas sociales con capacidad de una agencia histórica resistente; su presencia se evidenciaba en la lucha tanto simbólica como real que se vivió en ese tiempo en Argentina y en toda América Latina.

El firme deseo por parte de la dictadura de la llamada "Revolución Argentina" de imponer el modelo del capitalismo liberal, se revela en la homogeneización de la Argentina mediante no solo la erradicación de ciertos ideraios políticos, sino incluso de la imposición de reglas morales y de comportamiento tanto en la educación como en la socialización de los ciudadanos. Esto generó una lucha

---

beral exigida por el Fondo Monetario Internacional. A diferencia de la dictadura que no se enmascaraba en tintes legalistas, el gobierno de Macri implementó las medidas tendientes a imponer la hegemonía financiera internacional a través de lo que se ha denominado el *lawfare* y los DNU (Decretos de necesidad y urgencia). Estos últimos son las medidas "legales" que, con la complicidad de la justicia y de gran parte del Poder Legislativo, justificaron los cambios radicales que se llevaron a cabo en el país a partir de diciembre del 2015 tendientes a imponer un modelo acorde con el capitalismo de mercado globalizado.

que se justificaba, del lado del poder, bajo el pretexto de poner la nación a salvo de fuerzas invasoras extrañas -el comunismo-, de hacer caminar la Argentina hacia el desarrollo y ponerla a la misma altura que los países desarrollados.

Por otro lado, la resistencia de grupos sociales opuestos al modelo cultural del capitalismo liberal, justificaban su lucha con la defensa de una identidad y de una nacionalidad que se intentaba enajenar a cambio de conseguir la inserción del país en una economía de tipo capitalista, cumpliendo las exigencias del Fondo Monetario Internacional.

En esta situación se produce una ruptura que separa al Estado de la Sociedad Civil. Las tensiones políticas, que a partir de 1966 van en aumento, polarizan los diversos sectores sociales. Estas tensiones se traducen en una lucha simbólica que se percibe en los discursos políticos, teatrales y lírico-populares: los acontecimientos sociopolíticos son transcritos metafóricamente en forma de "plot", transcritos al código literario o teatral (White 53), de ahí que como veremos más adelante, la metáfora es el recurso más adecuado para hacer la transcodificación discursiva entre productos provenientes de la política y de la cultura.

La afirmación de Alejandro Lanusse en *Confesiones de un General* que se publicó cuando estaba por terminar la revisión final de la primera edición de este ensayo, confirma mi hipótesis de que el rasgo esencial de la historia argentina de la época era la ruptura. Lanusse reconoce que

> era muy claro que entre ellos no se peleaban, que el enemigo éramos nosotros. No quiero decir exactamente que se estuvieran repartiendo los papeles, sino más bien que nuestra tarea no era diferenciar demasiado esos papeles... sino advertir que estaban unidos

en algo que superaba sus disidencias, pese a que conservaran sus identidades filosóficas, políticas o religiosas (261).

La lectura interrelacionada, transversal e interseccional de las diversas interpretaciones/imágenes y elaboraciones discursivas de esta Argentina escindida, ayuda a la comprensión de la dinámica de la historia cotidiana y pone de relieve la dialéctica de lucha que revela el antagonismo entre la producción cultural y los discursos del poder; revela como los productos culturales se convierten en una estrategia de resistencia, en este momento de la historia argentina reciente.

II- Algunos estudios teóricos, sobre las producciones culturales en momentos de crisis institucional, han propuesto que en estas circunstancias histórico-políticas la discusión sobre la identidad nacional se desarrolla proponiendo polaridades duales. Este es el caso de la producción simbólica que corresponde al período que aquí estudiamos. Ello se debería, siguiendo a Hernán Vidal en "The Notion of Otherness Within the Framework of National Cultures", a que el capital transnacional introduce en las relaciones nacionales efectos fragmentadores, dislocadores, distorsionadores, marginadores y polarizadores (34). La "normalización de la economía" fin principal de la dictadura, no puede prescindir de la presencia de las transnacionales como elemento reactivador de la economía. De acuerdo a la hipótesis de Vidal, la presencia libre de capitales extranjeros en la economía argentina parece ser la explicación de las oposiciones que muchas veces se resumieron en la disyuntiva Patria/colonia. Si bien esta escisión en la historia argentina viene desde el nacimiento mismo de la nación, alcanza niveles más pronunciados en las circunstancias marcadas por Vidal que son justamente aquellas que trae el programa de "normalización", meta y faro de la "Revolución Argentina", sobre todo en sus primeros años. Observamos la conformación de un sistema metafórico en el que domina la ruptura entre el mundo que plantea la dictadura y los discursos de oposición y el antagonismo o las tensiones entre las diversas fuertes que forman la resistencia como veremos en este ensayo.

Como afirmamos brevemente más arriba, las oposiciones con que el imaginario social elabora la realidad ya estuvieron presentes desde el inicio de la nacionalidad, y pueden resumirse en la dupla largamente exhibida en la literatura argentina de "civilización" y "barbarie"; la discusión de qué corresponde a cada uno de estos dos espacios es uno de los motivos de la discrepancia en la producción cultural de esos años. La "Revolución Argentina" es una coyuntura histórica en las que dicha polarización se profundiza, puesto que, con su política económica, el control del "orden" y la apertura del país al capital extranjero, se plantea la necesidad de excluir a grandes sectores sociales, no solo de las decisiones políticas - censura, supresión de las elecciones, etc.- sino también de la vida económica de la nación. Este aspecto hace que este estudio adquiera actualidad en tanto a fines del 2019 la Argentina vive una situación política con ciertas similaridades a las descritas[6].

La imagen del "mundo escindido" apunta a esa realidad extra-discursiva. Ella es la elaboración de la forzada discriminación de sectores de la población, muchos de ellos antes integrados a la nación por la política del estado peronista. El grado de polarización de las metáforas varía según la dinámica con que las relaciones sociales

---

[6] Mauricio Macri en sus discursos señala el fracaso del país como producido por los "70 años de peronismo", argumento que, si bien no es exactamente el mismo, señala al peronismo como culpable de una política y una economía que desvía y aleja al país del modelo liberal. A esto también apunta la "normalización de la economía" de la "Revolución Argentina": "normalizar es corregir el desvío del modelo liberal que las políticas tendientes a industrializar el país, a priorizar políticas sociales desde el Estado habían causado en la economía.

cambian en este proceso histórico. Al iniciarse la "Revolución Argentina", en junio de 1966, el gobierno cuenta con el apoyo de la mayoría de los sectores sociales, apoyo que disminuye inversamente a la aparición de la resistencia que, en 1970, alcanza su máximo grado cuando la opinión pública ya se había volcado masivamente contra el estado vigente. Un factor importante fue la emergencia de la iglesia del Tercer Mundo; las prácticas de sus sacerdotes tuvieron una importante injerencia en los movimientos sociales opositores. A raíz del Cordobazo, esto se concreta aún más con el surgimiento de la Teología de la Liberación. Los sacerdotes pertenecientes a esta corriente se habían constituido en vanguardia política y, tal como Dussel lo explica, debido a la alianza tradicional entre iglesia y estado, este movimiento significó una "fractura ideológica esencial", especialmente por la "potencialidad Revolucionaria de la religiosidad popular que le permite situarse en el movimiento popular antimilitar y a favor de Perón" (*Historia* 68).

Esto coincide con la "explosión" del teatro político en la Argentina, tal como lo registra en uno de sus números de ese año *Primera Plana*. A medida que se acerca 1973 la aglomeración de los sectores sociales alrededor del peronismo produce un intento de una síntesis que parece diluir las divisiones internas de la oposición; se puede observar una reducción de los elementos antagónicos de la oposición a voces menos visibles; podemos suponer que esto ocurre ante la necesidad de conformar una unidad de resistencia política. Al principio y al final del periodo estudiado, hay un acercamiento de todas las fuerzas políticas y sociales que por diversos motivos tienden a converger en aras de una praxis combativa; las tensiones en las relaciones sociales y políticas en los diversos espacios de la oposición disminuyen y producen un movimiento de acercamiento entre ellas para enfrentar la dictadura.

Esta síntesis de la resistencia se objetiva en el triunfo electoral del peronismo en 1973 y en la desaparición de las voces dictatoriales que abandonan la Casa Rosada. Esta coincidencia en las urnas electorales responde a la unión de grupos tradicionales, procedentes de las más distintas orientaciones ideológicas que nunca se habían comprometido con una línea popular y revolucionaria. Félix Luna en *Perón y su tiempo* menciona el "proceso asombroso" por el cual Perón se había convertido en símbolo de liberación nacional.

III-Nos preguntamos ahora: ¿cómo se articula este complejo proceso histórico con las elaboraciones imaginarias de los productos a estudiar?

Resulta interesante en este punto traer a colación la infrapolítica concepto que designa "una gran variedad de formas de resistencia muy discretas que recurren a formas indirectas de expresión"(Scott 44) que en este caso se manifiestan mediante figuras retóricas que aparecen en los discursos literario, dramático, lírico y periodístico. Comprender estas formas de resistencia y su desarrollo contribuye al esclarecimiento de la comprensión histórica y al análisis político del momento. Especialmente, cuando en los discursos de la dictadura se intenta la "incorporación hegemónica", es decir convencer a los ciudadanos de lo que ellos son y otorgarles una identidad ad-hoc los fines de la "revolución" y conseguir que acepten lo que se espera de ellos como si esto fuera en su mejor interés.

Los discursos culturales aquí estudiados, con excepción de los discursos de la dictadura, no ocurren en el ámbito de la política institucional, suceden en el interior del teatro, en las reuniones en los cafés o las peñas o en aparentemente inofensivas "cartas de los lectores" publicadas en la prensa. Ellos son desde el punto de vista de la investigación histórica y política tradicional, invisibles. Este estudio pretende, no sólo visibilizarlos, sino más bien auscultar en ellos pistas que aclaren el modo de entender la relación, el antagonismo y la oposición entre el poder hegemónico y la resistencia en momentos de la dictadura, como también cómo se expresan los pensamientos y emociones en la atmósfera afectiva generada por la dictadura.

De la cuidadosa observación del corpus seleccionado surge la metáfora como el elemento retórico elegido para la lucha simbólica. Esto no es extraño puesto que en épocas represivas la expresión metafórica adquiere especial importancia, ya que posibilita hacer afirmaciones que de otro modo serían imposibles o que traerían fuertes riesgos de represalias. La metáfora tiene la característica sintética de la poesía, con solo una palabra o una imagen dice lo que necesitaría párrafos enteros para ser explicado, lo que constituye una ventaja en las expresiones gráficas, teatrales y líricas. La lucha metafórica aparece como una lucha política, elaborada retóricamente, en la que cada parte está tratando de encontrar las debilidades de la otra parte y aprovechar cualquier ventaja que ellas puedan darle.

La metáfora, herramienta perfecta para la infrapolítica y la búsqueda transversal de sentidos, expresa oposición sin visibilizarla de manera completa y, gracias a la ambigüedad del texto "dice una cosa a aquellos que ya saben y otra a los extraños y a las autoridades"(Scott 218). Aquí juega la complicidad del sujeto colectivo, público del teatro, lector de la prensa o escucha de la música. La infrapolítica, esa lucha no visible que sucede durante el régimen de la "Revolución Argentina", es la que hace posible la observación de aspectos de la política que resultan de la experiencia y el sentir de los que la viven en su cotidianeidad. La resistencia simbólica que vamos a observar en los siguientes capítulos es coherente con la resistencia material y abierta de lucha que, en el caso que nos ocupa, tiene dos concreciones importantes, aunque no inmediatas: el Cordobazo (1968) y el resultado de las elecciones en las que triunfa el peronismo (1973).

Es nuestra tesis que el escenario teatral contemporáneo a la "Revolución Argentina" no es una mera "fantasía de liberación" como afirmaban ciertas publicaciones que veremos más adelante; sus gestos parecen haber fortalecido la lucha contra la dictadura con la presión ejercida contra el muro verbal, policial y económico que esta había levantado. Estos productos teatrales son una especie de "discurso oculto" que ejerció presión contra los diques que había levantado la dictadura y que se manifestaron "en su fuerza, en su virulencia y en su abundancia simbólica" (Scott 220). La resistencia que se construyó y creció desde la escena, la canción y el discurso de la oposición no se redujo a una cierta "catarsis por desplazamiento" (Scott 221); fue mucho más que eso. Los diversos discursos culturales al tener circulación pública (aunque moderada) difundieron razones y fundamentos para oponerse a la opresión dictatorial; provocaron dudas, expusieron conocimientos y formaron conciencias y desde nuestra perspectiva, echan luz para intentar percibir desde hoy el clima afectivo y político del período de la "Revolución Argentina". Por tanto, creemos que la escena teatral, la poesía, la música no son elementos inofensivos, sino que ofrecen mucho más que aliviar la presión y el descontento.

En la lucha simbólica de los discursos culturales, considerados en este ensayo, se evidencia la articulación entre la dominación hegemónica y la apropiación o explotación material; su denuncia simbólica no se puede separar de la explicitación de la explotación material (esta articulación es evidente el discurso político de Tosco y en el de Mugica o en el teatral de Monti). Desde el discurso dictatorial, se trata de minimizar o ignorar las condiciones materiales de la existencia; a ello obedece el afán de espiritualizar el discurso y de silenciar y desaparecer los cuerpos mediante estrategias simbólicas que no los nombran.[7] Mientras tanto, el entramado que forman los discursos que se oponen a la dictadura y su política, aprovecha la palabra, la escena y la música como espacio posible de resistencia; valiéndose de estos medios producen el desenmascaramiento del modelo de país de la dictadura y los intereses de los grupos que la sostienen; el entramado simbólico que encontramos denuncia el ocultamiento de los posibles motivos subyacentes a la política económica y social de la dictadura.

Esta resistencia simbólica resiste la naturalización; los discursos de la oposición luchan contra la dominación ideológica descubriendo el tejido interno de abuso, colonialismo y sectarismo disfrazado mediante un discurso que, mediante una simbología adecuada, se quiere vender como digno, racional, sabio, justo y apropiado para el país y para todos. Por ello, muchos de los discursos culturales de la resistencia aquí estudiados presentan el mundo al revés e invierten el sentido de las metáforas que nacen en el discurso de los dictadores para elaborar un discurso contra hegemónico que la desafíe. Ante la imposibilidad de libre expresión en el espacio público, se disfraza la voz en este entramado simbólico que veremos a continuación y que denuncia los abusos y reclama los derechos.

Estos discursos culturales fueron parte de la presión, que va leudando y se materializa el Cordobazo. El estallido social causa la aparición de los cuerpos desobedientes tanto en la escena política como en la escena teatral; del discurso se pasa a un hecho político

---

[7] En la dictadura del "Proceso de reorganización nacional" esta desaparición de los cuerpos pasó de la desaparición simbólica en el discurso a la práctica política policial-militar; desde 1976 hasta 1983 (y más) hubo treinta mil desaparecidos.

público que marca el principio de la derrota de la dictadura pues hizo patente la vulnerabilidad del gobierno de Onganía.[8]

Respecto al nivel pragmático de la comunicación, los lectores y/o espectadores construyen los sentidos cómplices del mundo simbólico que se despliega ante ellos y que activamente deben interpretar en la comunidad que se forma en la platea del teatro, en el espacio del rock o de la peña folklórica. Se produce una respuesta afectiva distinta de aquella del afuera dominada por el control policial del estado; la emoción de coincidencias y visiones comunes impacta en el colectivo que siente que ha roto la barrera de lo permitido al liberar en grupo--aunque no sea más que imaginativamente--su posición de resistencia al régimen dictatorial. Surge entonces un sentimiento de recobrada dignidad. Ir al teatro tiene en estos casos un sentido social y político profundo, significa poder compartir opiniones prohibidas por la dictadura, ser parte, aunque sea por una o dos horas, de un colectivo cómplice que realiza un acto de desafío al poder político; significa también tener la posibilidad de liberar opiniones y actitudes que han estado obligadamente reprimidas para buscar la sobrevivencia.

Nos preguntamos ¿cómo en una dictadura estos discursos pudieron circular en forma relativamente libre? Por una parte, quizás es posible suponer que ello se debió al éxito de la ambigüedad de los lenguajes propios de la poesía, la música o el teatro. El discurso oculto (en tanto no es evidente) es una cocción lenta de la

---

[8]Más tarde, hacia el final de la dictadura del "Proceso de Reorganización Nacional" (1976-1983), Teatro Abierto es un excelente ejemplo de como la visibilización de un poder latente produce una ruptura en la construcción material y simbólica del control dictatorial.

resistencia semi-invisible que se adopta cuando la lucha frontal es imposible; es un desafío simbólico que tiene su propia lógica y que va en paralelo a la resistencia política cotidiana. Por otra parte, parece posible pensar que, como el alcance de estos discursos culturales no era masivo, desde el poder no se les diera mayor importancia, a lo que podemos añadir la suposición de que, para la imagen de la dictadura, otorgar la apariencia de este grado mínimo de libertad, era conveniente.

Intentaremos desentrañar el funcionamiento de la metáfora para proponer esta lectura de la historia argentina reciente. Estudiaremos las metáforas presentes en los discursos producidos en la atmósfera oscura de enrarecimiento e inseguridad de la dictadura, con el fin de esclarecer la sensibilidad social y de obtener información sobre ese particular momento histórico.

Para ello, adoptamos la teoría semántica de la metáfora propuesta por Ricoeur, en *The Metaphorical Process as Cognition, Imagination and Feeling* y por Black y Goodman (Cohen 4). Según esta propuesta, la metáfora tiene tanto la capacidad de proporcionar información, que de otro modo es intraducible mediante el lenguaje establecido, como de producir verdades sobre la realidad, y ser descripciones de hechos; ellas pueden ser entonces vehículos potenciales de conocimiento.

En el caso que nos ocupa el uso metafórico permite constatar la afirmación simbólica del poder de los grupos emisores y sus ideologías y las alianzas de los sujetos sociales por imponer o cuestionar un modelo cultural que organiza nuestra comprensión del mundo social[9]. Como afirmamos en el prólogo, la metáfora funciona entonces como la estrategia discursiva para legitimar los discursos mediante la selección de algunos aspectos semánticos o la prescindencia de factores relevantes.

Debido a que el sentido de la metáfora no tiene nada que ver con su significado literal, el significado que en cada caso cada discurso asigna a la expresión metafórica, está siempre en función de la defensa de las visiones y proyectos particulares que, según la ideología, se propone para la Argentina. Su estudio interrelacionado y transversal revela la lucha política ideológica que se lleva a cabo en un momento determinado. Por ello es necesario prestar atención a los "esquemas subyacentes", neutralizando al mismo tiempo las variables no pertinentes (Casson 429-62).

Además, metodológicamente, la metáfora es la unidad ideal para observar el proceso de transcodificación —del lenguaje de los discursos políticos, periodísticos, líricos, teatrales, etc.—debido a que sus símbolos son funcionales a la persuasión retórica, fundamental para la política.

Observamos que las metáforas funcionan en cadena o red y que cada una tiene el poder de evocar todo el sistema metafórico que, engendrado las "metáforas de raíz" que se multiplican en nuevas metáforas. Hemos identificado la metáfora nuclear del "mundo escindido" alrededor de la cual creemos ver un sistema metafórico

---

[9] Conviene aclarar qué entendemos por modelo cultural: ellos son mapas mentales de ideas y prácticas derivadas de la cultura que están corporizadas, actuadas e instituidas en la vida cotidiana y que establecen qué es lo bueno, lo malo, lo correcto y lo importante. Ellos dan forma a la percepción, al conocimiento a la emoción y a la motivación (Fryberg & Markus, 2007 in Fryberg et al); son fácilmente naturalizados por la sociedad y establecen modos de vida, expectativas y límites.

dinámico en el que una diversidad de imágenes subordinadas se interrelaciona y forma un sistema metafórico, para dar distintos sentidos a los discursos, tanto del poder como de la oposición.

El sistema metafórico del "mundo escindido" propuesto aquí constituye un modelo, una ficción heurística, para la lectura de la realidad argentina de la "Revolución Argentina" (1966- 73); éste permitió detectar nuevas conexiones entre dominios separados (discurso político, discurso teatral y poético), presuponiendo un isomorfismo que legitima la transferencia analógica del vocabulario y permite que la metáfora revele nuevas relaciones. En los capítulos que veremos a continuación expondremos cómo estas metáforas dominantes son capaces de engendrar y organizar una red que sirve como empalme entre el nivel simbólico con su lenta evolución y el más volátil nivel metafórico.

El sistema metafórico del "mundo escindido" permite observar cómo los discursos del momento discuten lo que es la realidad/verdad y la apariencia/falsedad, la salud del cuerpo nacional, qué es ser argentino y en qué consiste la argentinidad. La discusión se plantea a nivel retórico con metáforas que se transparentan en el corpus de la producción cultural del momento: poesía, canción, discurso periodístico, discurso político de la oposición y del poder, discurso de la iglesia (teología de la liberación) y finalmente el discurso teatral. Desde la producción cultural se responde al discurso del poder y se teje un sistema en el que se invierte, tergiversa o modifica el significado de los referentes. Esta variación revela la lucha política ideológica por la imposición de modelos culturales opuestos y alternativos: el modelo liberal de acumulación capitalista, el modelo capitalista-socialista y el modelo nacional socialista. La evolución del sistema metafórico va a la par de la lucha política, varía en función de la movilidad de las posiciones políticas y de las tensiones e intereses vividos y defendidos en la práctica. Hacia el final del período y ya cerca del llamado a elecciones la escisión se diluye y las posiciones se corren hacia la ambigüedad en virtud de las negociaciones políticas.

La Poética de la(s) Ruptura(s) es la expresión del sentir de los argentinos ante la historia vivida en el momento; este sentir se expresa en categorías que organizan la conciencia empírica del productor de acuerdo a su posicionamiento político, social y económico. Las metáforas circulantes articulan la contradicción que genera la producción de formas simbólicas dentro de las formaciones sociales, como un índice de la lucha de los diversos sectores (Vidal 43). La Poética de la(s) Ruptura(s) despliega una realidad profundamente dividida en dos espacios incompatibles, a los que corresponden diversas cualidades, valores y modos de vida, jerarquizados desde diversas perspectivas de manera si no contradictoria, por lo menos antagónica. A cada uno de estos espacios corresponden también los "cuerpos" que habitan en ellos y cuya percepción depende también de la posición desde donde se los describa y valore. La diversidad de espacios y sus correspondientes descripciones corresponden a modos distintos de entender lo que es la Argentina; la variedad de cuerpos, a las distintas descripciones ideales del "verdadero argentino".

La Poética de la(s) Ruptura(s) presenta categorías a las que tanto el discurso autoritario como los discursos de la oposición dan igual valoración y jerarquía. Las categorías unánimemente valoradas como positivas son la Unidad, el Ser, la Realidad, la Verdad, la Autenticidad, el Movimiento, la Salud y la Energía. Las categorías negativas son la Apariencia, el No Ser, el Estatismo, la Enfermedad y la Muerte. Las primeras definen lo que se entiende por la verdadera "argentinidad" y las segundas lo contrario. La contradicción o el antagonismo aparecen en la articulación de la elaboración imaginaria y las relaciones sociales y políticas y en la diferencia de los referentes asignados, en cada caso, a estas categorías. Según estas categorías aparezcan en el discurso autoritario dictatorial y sus aliados y o en el de la oposición, se evidencian los diversos valores semánticos que ellas adquieren una vez puestas en interrelación con los otros discursos culturales, los diversos sujetos emisores y la funcionalidad legitimadora de cada espacio político ideológico.

En el caso de la incorporación al corpus de discursos culturales de distinta naturaleza, como sucede en este ensayo, es necesario transcodificarlos para poder articularlos con la hipótesis central del trabajo. Fue importante el descubrimiento de que se producía una relación isomórfica de la estructura metafórica que surge en las diversas propuestas poéticas-ideológicas, con las propuestas en la escena teatral y la poesía; este fenómeno hizo posible proponer un esquema que intenta describir esa constelación metafórica que revela tensiones, oposiciones, vinculaciones, derivaciones y variaciones.

Procedimos para ello proponiendo una "ficción operativa y provisional" (Grüner), que formuló la existencia de un sistema metafórico en el que era posible establecer múltiples relaciones entre el núcleo del sistema y las metáforas derivadas de él y que podía articular y visibilizar la lucha política del momento. La metáfora nuclear del sistema propuesto fue la del "mundo escindido"; partiendo de ella fue posible proponer la hipótesis de la existencia de una red de relaciones que dio a luz nuevas posibilidades de interpretación para intentar una comprensión de la historia más cercana a la experiencia vivida en presencia.

V-La *estructura del sentir* propuesta por Raymond Williams se articula perfectamente con la concepción de la estética como área privilegiada de la hermenéutica propuesta por Gadamer,[10] apoyada más en la comprensión que en el entendimiento. Mientras el entendimiento está vinculado a la explicación y se relaciona con leyes generales o universales, la comprensión es la captación del significado particular de un acontecimiento histórico en su especificidad e incluye, en su proceso, una multitud de experiencias sensibles. Es nuestra intención intentar alcanzar una comprensión que reintegre las experiencias estéticas que emergen durante la "Revolución Argentina" a la totalidad de la existencia de sus productores inmersos en esa contemporaneidad. Intentamos leerlas en tanto ellas superan el aislamiento de distintos campos culturales y sacan a luz la función cognitiva que pueden adquirir los productos culturales entendidos en contexto y considerados dentro de un proceso social y político vivo.

Según Raymond Williams,

> La barrera más sólida que se opone al reconocimiento de la actividad cultural humana es esta conversión inmediata y regular de la experiencia en una serie de productos acabados. Lo que resulta defendible como procedimiento en la historia consciente... es habitualmente proyectado... a la vida contemporánea, en la cual las relaciones, las instituciones y las formaciones en que nos hallamos involucrados son convertidas por esta modalidad de procedimiento en totalidades formadas antes que en procesos formadores y formativos. En consecuencia, el análisis está cen-

---

[10] Gadamer plantea esto en los acápites "Sobre el círculo de la comprensión" (63) y en "Lenguaje y comprensión" (181).

trado en las relaciones existentes entre estas instituciones, formaciones y experiencias producidas, de modo que... sólo existen las formas explícitamente fijadas, mientras que la presencia viviente, por definición, resulta permanentemente rechazada. (150)

El procedimiento fijador que Williams señala deja a un lado las experiencias sociales de los individuos, niega el "esto, aquí, ahora, vivo, activo, subjetivo", como válido, oponiéndolo al "verdadero conocimiento": lo objetivo, el pensamiento, lo general y lo social. Buscamos visibilizar este aspecto comúnmente rechazado, esta presencia viviente omitida que, en este estudio, pretendemos visualizar en la producción cultural estudiada. Las tensiones, los cambios, las incertidumbres, las formas de la desigualdad y la confusión se hallan en contra del propio análisis social hecho con abstracciones formadas mediante la exclusión de la imaginación, la psiquis, el inconsciente y sus funciones en el arte, el mito y en el sueño. Tomando esto en consideración, en el corpus aquí estudiado, aparecen formas desplazadas tradicionalmente y nuevas formas de categorización social que superan las condiciones sociales específicas.

Al seguir la evolución de la producción cultural en el período estudiado, es posible observar cambios en la *estructura del sentir*; en las respuestas simbólico-afectivas a la atmósfera producida por la "Revolución Argentina"[11] y que va respondiendo de diversas maneras a los cambios de la "atmósfera afectiva". La *estructura del sentir* nos proporciona los significados y valores tal como son vividos y sentidos activamente; comprende relaciones internas específicas

---

[11] Williams acentúa la diferencia de este concepto respecto de "ideología o "concepción del mundo".

entrelazadas y en tensión y revela una experiencia social en proceso, a menudo no reconocida como social hasta que es formalizada y clasificada por instituciones y formaciones. Es esta experiencia social en proceso lo que este ensayo pretende captar a través del estudio de la producción cultural del momento.

Metodológicamente, adherimos a la conceptualización propuesta por Williams según la cual *"una estructura del sentir* es una hipótesis cultural derivada de los intentos por comprender tales elementos y sus conexiones en una generación o un período, con permanente necesidad de regresar interactivamente a tal evidencia" (155). La hipótesis planteada en este ensayo propone la existencia de un sistema cultural, el del "mundo escindido", que está formado por una red estructurada, una constelación de metáforas derivadas inicialmente del discurso del poder cuyas ramificaciones expresan los distintos proyectos políticos y los modos propuestos de alcanzarlos. Esta hipótesis tiene una utilidad muy específica para nuestro estudio, que, aunque trata especialmente del arte (teatro, música, etc.) y la literatura, tiene un contenido social y político que no puede ser reducido a instituciones o relaciones explícitas. Este estudio intenta sacar a luz elementos de experiencia social o material que pueden estar imperfectamente cubiertos o situarse más allá de los aspectos sistemáticos reconocibles. Metodológicamente ha sido necesario leer la producción cultural de estos años de la historia reciente argentina, siguiendo un movimiento circular en espiral, con necesidad de volver "interactivamente" a la base de la espiral para volver a empezar en círculos ascendentes buscando articulaciones en el discurso y las imágenes para así poder visualizar la estructura subyacente. Descubrimos entonces que *la estructura del sentir* en tanto estructura específica de eslabonamientos, acentuamientos y supresiones, puntos de partida y conclusiones particulares que obedecen a distintos puntos de vista e ideologías, se expresa a través de los lenguajes teatrales, poéticos, políticos y periodísticos, y forman un sistema metafórico visibilizador de posiciones y resistencias en proceso, si éstos son leídos conjuntamente con las condiciones contextuales.

En la escena teatral, la poesía y la música parecen estar las primeras indicaciones de que se está formando una nueva estructura del sentir, puesto que las formas y las convenciones teatrales y poéticas son también parte de este proceso material social y político. Consecuentemente, podemos considerar el teatro y la canción como una formación social específica, articuladora de las *estructuras del sentir;* en la escena los procesos vivientes, las presencias y experiencias cobran vida y permiten al espectador, al estudioso o al historiador reconstruir relaciones y sentires que no se encuentran en otras fuentes y que pretendemos articular con el contexto en el que se encuentran inmersos sus productores.

Observar esto en las producciones teatrales y líricas, con una metodología que las intersecta con una amplia gama de productos culturales, especialmente con los discursos políticos de distinta tendencia, permite una interpretación vinculada con la historia y la política del momento. La escena mirada a través de este lente puede proporcionar una mirada diferente y una comprensión más amplia del acontecer histórico y político.

VI- Con la mirada puesta en las implicaciones que tiene sostener los discursos culturales como reveladores de experiencias vividas y de posiciones ideológico-políticas y apoyados en la *estructura del sentir* hemos intentado estudiar el teatro en tanto proveedor de información histórica.

Sostenemos, con Villegas, que la práctica teatral "es una construcción lingüística e ideológica del sujeto definidor, una narrativa construida sobre la base de una práctica social, mediatizada por los códigos culturales del emisor del discurso" (*Historia* 19). En tanto tal, comparte cualidades con el discurso político, histórico, periodístico, etc. Esta consideración es clave para el estudio del teatro en tanto discurso cultural articulado con una multiplicidad de discursos sincrónicos durante la "Revolución Argentina" (1966-73).

Escudriñamos, en los intersticios del corpus producido entre 1966-73 ("Revolución Argentina"), la multiplicidad de voces y sentidos que las palabras e imágenes sugieren, que desde distintas posiciones políticas se pronuncian en ese momento, a través de una diversidad de medios; las tomamos como testimonios de su época, como elementos válidos para visibilizar los sucesos históricos desde la inmediatez de la experiencia vivida.

Rechazamos que la historiografía sea una mera construcción narrativa como se pretendió afirmar en los años 90' desde el posmodernismo; creemos en la referencialidad del lenguaje y afirmamos, por tanto, que la historiografía habla de hechos ocurridos vistos desde una perspectiva determinada, aunque nunca pueda (como tampoco lo hace la ciencia) alcanzar una objetividad absoluta.

Hayden White en *Metahistory*, afirma que en la narración histórica intervienen recursos lingüístico-literarios. El historiador configura el campo histórico y pone los documentos en cierto tipo de relaciones previo a conceptualizar o hacer un análisis. Esta configuración narrativa es topológica y en tanto tal, no escapa a los recursos lingüísticos. El historiador adopta "poéticas" a través de "las cuales quedarán permitidos ciertos tipos de relaciones entre ciertas categorizaciones de agencia y diversas especificaciones acerca de la fuerza determinante de las circunstancias" (Tozzi 109).

Es nuestra propuesta que, así como la historia puede leerse como narrativa y que ello agrega información sobre la situación y la posición del emisor, parece posible mirar los productos culturales, el teatro entre ellos, como fuentes de la intrahistoria e infrapolítica, registradas de modo directo o indirecto en los escritos y las imágenes que los textos, los artículos periodísticos y las caricaturas esbozan. Tal como White lo afirma para la Historia, es también conveniente prestar atención a los tropos en los textos e imágenes que forman el corpus de este estudio. La adopción de estructuras narrativas, que en general no corresponde a decisiones conscientes, dice acerca de la situación de cada agente y su posición e intereses. Si, por una parte, en la historiografía la configuración de una situación histórica con una narración que sigue una trama, una operación discursiva-literaria que no atenta contra el status cognoscitivo del relato, creemos, por otra parte, que las estructuras literarias, teatrales y poéticas, en tanto relatos ficticios, también posibilitan un acercamiento a la historia reciente, echando luz sobre las experiencias, valores y posiciones ideológicas de sus productores. Afirmamos entonces que en la narrativa y en el testimonio de los discursos teatrales, poéticos, periodísticos y políticos, hay elementos históricos relevantes para una reconstrucción de la historia reciente. Esta nueva comprensión abre nuevos caminos proponiendo nuevas perspectivas históricas y posibilidades de aperturas y miradas que centren el interés en la experiencia vivida presencialmente y no sólo en aquello congelado en las instituciones.

Por ejemplo, el discurso de la "Revolución Argentina" puede recomponerse como una narración romántica de los héroes/padres que vienen a salvar a la nación (pobre, ignorante, femenina); los discursos de la oposición sindical (Tosco,) como una épica guerrera en la que se enfrenta al enemigo midiendo fuerzas y el discurso de Carlos Mugica (sacerdote de la Teología de la Liberación) como la narración del mártir trágico. Estos ejemplos son instancias que nos permiten afirmar que hay un nivel preconceptual, de carácter intrínsecamente estético figurativo que, examinado, agrega información sobre el nivel conceptual explícito. Investigar estos productos culturales, cuyo carácter ficticio (poesía, teatro, canción) no está puesto en duda, desde esta perspectiva abierta por White, los convierte en dispositivos que tienen la potencialidad de hablar de la realidad. Si en la historia, la narración viene codificada desde un punto de vista situado y es por ello, imposible que dé a conocer el campo fáctico sin distorsión, es decir no puede garantizar la objetividad absoluta, en el caso del teatro y la poesía, la escena hace guiños a la realidad y propone una estructura y una lógica determinada que proponemos leer como la entrega una parte de la realidad histórica y política del momento enmascarada/distorsionada en la ficción. Como propusimos más arriba, en los discursos políticos, la observación de los tropos literarios estructurantes, revelan la posición política del emisor en la lucha por un modelo de país y posibilitan ver alianzas y desacuerdos no dichos explícitamente.

Observando la estructuración que propone la escena, el trazado espacial imaginativo de la poesía, el contenido y la lógica narrativa y actoral, es posible incorporar en el análisis múltiples dimensiones y acercarnos a una interpretación plausible de la potencia informativa del producto. Parece posible visualizar las propuestas teatrales más allá de la máscara prestada por lo ficticio y reconocer en mayor o menor grado su cualidad informativa.

Es necesario aclarar que todo lo planteado no implica un libertinaje en la interpretación ni de la historia ni de los productos teatrales, sino que provee apertura para nuevas, irrespetuosas y radicales lecturas y relecturas, escrituras y re-escrituras del pasado (Tozzi 125). El carácter de construcción narrativa de la historiografía y de construcción ficticia del teatro no es una puerta abierta para justificar cualquier lectura con argumentos relativistas que permitirían cualquier conclusión política o ética. Las interpretaciones posibles de la historia y de la escena prevalecen en tanto la figura/hipótesis propuesta se valida en la interconexión de los discursos estudiados en la red de relaciones, contextos, conceptos y propuestas que adquieren sentido una vez vistos conjunta e interrelacionadamente una vez que su isomorfismo ha sido expuesto.

En *Poética, política y ruptura* hemos observado la formación inicial de dos estructuras del sentir que a la vez se abren con variaciones que fluctúan: la de la dictadura y sus aliados y la de la oposición; ellas dan cuenta de los matices, las diferencias en las posiciones políticas y de clase de los diversos sectores agrupados en cada una de ellas. Por otra parte, las posiciones y relaciones observadas en estas estructuras no son reducibles a las ideologías de los grupos o a relaciones formales de clase pues ellas son sumamente complejas y varían según el momento histórico-político.

Apoyados en los elementos teóricos señalados, es posible afirmar que la producción cultural del momento forma parte de un sistema metafórico dinámico que constituye una poética distintiva, que revela aspectos que la macro-historia ha dejado de lado, que permite vislumbrar la vida y la lucha diaria de los ciudadanos argentinos en ese momento de la historia, y que hace posible una mejor comprensión del devenir histórico.

La interrelación dinámica entre poética y política es el objeto de las páginas que siguen en las que expondré cómo se traza y describe el espacio de la Argentina como un espacio escindido, con todas sus características; cómo se describen la aparición, desaparición, transformaciones, generización y descripción de los cuerpos que tienen derecho o no de habitar este espacio y la relación de estos cambios con los ideales proclamados por la "Revolución Argentina", a los que subyace el propósito de la imposición del modelo capitalista liberal.

PRIMERA PARTE

I--LA ARGENTINA: UN "MUNDO ESCINDIDO"

¿Estamos sumergidos los argentinos?

¿Qué nos pasa?... Más que debilidad es amnesia.

Y es virtud nacional.

(*Panorama* 41, octubre 1966: 52).

La metáfora del "mundo escindido" emerge como el nódulo central de La Poética que proponen los discursos culturales argentinos producidos durante el periodo de la "Revolución Argentina" y que surge en una relación dialéctica con la política de ese momento. Ella construye una división imaginaria que separa dos mundos diversos de esta Argentina dividida y que la mayoría de las veces, irreconciliables, división que, por otra parte, viene de larga data y no constituye en sí misma ninguna novedad. En este capítulo nos centraremos en la discusión que tiene protagonismo central en la lucha simbólica y que gira alrededor del significado de la Argentina y la argentinidad.

Intentamos indagar la articulación de estas imágenes de la Argentina con distintas posiciones económico-político-sociales, su justificación y la lucha por el sentido y la hegemonía que estos discursos culturales iluminan y que creemos corresponden a la discusión política del momento. A esta poética, que nos revela la expresión del sentir de los argentinos ante la historia vivida en ese momento, propongo llamarla Poética *de la(s) Ruptura(s)*[12]. El siguiente cuadro visibiliza estas sucesivas rupturas:

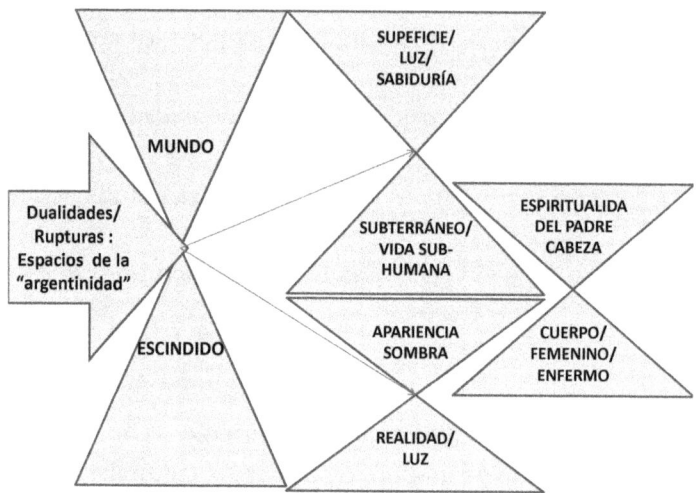

La metáfora del "mundo escindido" se manifiesta también mediante otras metáforas, con variaciones de tono, modalidad y fuerza, según la circunstancia histórica específica, según quien emita el discurso, el modelo de país que se defienda y la audiencia a la que esté dirigida, que generalmente es una audiencia cómplice.

Desde la perspectiva de este ensayo, las variantes, que recorre esta imagen, enfatizan, como ya dijimos, la lucha por la imposición de lo que los diversos grupos entienden como la verdadera "argentinidad". La discusión que se genera alrededor de este tema está claramente relacionada con el interés de los grupos en adoptar

---

[12] La imagen/realidad de la Argentina dividida viene de muy atrás, ya estuvo planteado en "civilización y barbarie" pero sigue presente hoy de manera muy fuerte pues el gobierno neoliberal (2015-2019) ha enfatizado la división y las diferencias y ha bautizado a esa división de "grieta".

e imponer diversos y, a veces antagónicos, modelos culturales. Los modelos que se barajan son varios: el modelo cultural liberal de acumulación capitalista dependiente, apoyado por la alta burguesía y los sectores liberales de las Fuerzas Armadas; el modelo cultural nacional socialista, propuesto—a partir del 68—por los sectores más radicalizados del sindicalismo, la guerrilla y la Teología de la Liberación y el modelo cultural capitalista nacionalista como el que proponen las fracciones nacionalistas de las Fuerzas Armadas, los sectores medios, la empresa chica y mediana y gran parte de los partidos políticos.[13]

Vamos descubriendo cómo cada discurso impone a la metáfora, mediante su deslizamiento, significados varios que la hacen funcional a diversos y muchas veces opuestos intereses. Observamos también cómo de 1966 a 1973, hay variaciones en las metáforas cuyas distintas versiones corresponden a la exacerbación de las oposiciones que hacen muy difícil un acuerdo político que traería como consecuencia el logro de una unidad; según Onganía,

> pésima conducción de los negocios públicos por el actual gobierno, como culminación de muchos otros errores de los que le precedieron en las últimas décadas, de fallas estructurales y de la aplicación de sistemas y técnicas inade-

---

[13] No podemos olvidar que el régimen de Onganía estuvo inserto en el contexto internacional de la "primavera de los pueblos": la primavera de Praga, el Mayo francés, los motines de la ciudad de Washington a raíz del asesinato de Martin Luther King, Jr., y las demostraciones antibélicas en Estados Unidos, con la emergencia del "Movimiento por la Paz", que instó al gobierno norteamericano a salir de la guerra de Vietnam a cualquier precio.

cuadas a las realidades contemporáneas, han provocado la ruptura de la unidad espiritual del pueblo argentino. (14)

Recordemos que Lanusse pretendió llegar al objetivo de una unidad política con lo que se llamó "El gran acuerdo nacional"; como veremos más adelante toda la materialidad ha sido borrada del discurso de la dictadura y de cualquier consideración política y legal, la unidad propuesta prescindía de la materialidad de los cuerpos. La gama de significados propuestos se convierte de este modo en signo de un texto social coherente, que remite a la experiencia histórica vivida en la Argentina desde 1966 a 1973.

1-La ruptura como frontera: una muralla imaginaria

Al pasear la mirada por el movimiento dinámico que trazan los discursos culturales que componen La Poética *de la(s) Ruptura(s)* descubrimos que ellos trazan una frontera imaginaria que divide a la Argentina; el límite que la frontera imaginaria dibuja se expresa en diversas imágenes y tiene correlación con las posiciones económicas, políticas y sociales. Resulta interesante observar cómo Guillermo O'Donnell, allá por los tardíos ochenta, dos décadas después de la "Revolución Argentina", la describe en términos que resumen la ruptura que hemos encontrado en la Poética de aquellos años. Esto ciertamente no puede ser mero azar; la coincidencia más bien confirma que, también desde la narrativa de la historia, se visualiza la Argentina como una realidad escindida. O'Donnell señala que "el Estado Burocrático Autoritario" de la "Revolución Argentina" es "un sistema de exclusión" que erige "muros excluyentes" (191) y

---

[14] Mensaje de la Junta Revolucionaria al Pueblo Argentino, Buenos Aires, 28 de junio de 1966.

"barreras" (96) de contención para las clases y sectores que no pueden ser incorporados al proyecto cultural económico autoritario. Esto se debe según O'Donnell, a que era necesario cerrar todos los canales de acceso al gobierno que previamente habían estado abiertos, para desactivar al sector popular, controlar sus organizaciones y prohibir la expresión de partidos o movimientos políticos (especialmente del peronismo).

Tanto Onganía como las voces opositoras a la "Revolución", necesitan crear una retórica que garantice y justifique su plan político y sus acciones. Este es el motivo por el cual todos, en su discurso, elaboran metáforas que expresan el apoyo o el rechazo a las medidas que buscan la imposición del "orden" indispensable para la restitución del sistema capitalista liberal por parte del gobierno de la "Revolución Argentina".

El trazado imaginario espacial propuesto por Onganía es funcional a la necesidad de la dictadura de mantener controlados la mente y el cuerpo de aquellos que pertenecen a los sectores que el poder de la "Revolución" no puede integrar en sus planes económicos y que Onganía, en su discurso, describe como los agentes del "desorden". De ahí que el dictador exprese, explícitamente, la necesidad de reubicarlos: "Las organizaciones de la comunidad dentro de las circunstancias nuevas que ha creado la Revolución... están renaciendo y reubicándose en el lugar que les corresponde" (8: 16). El discurso afirma que existen dos "lugares": aquel que le corresponde a la comunidad y que por tanto ella debe pasar a ocupar y el "otro lugar" que ésta última debe abandonar en su "reubicación". Además, sostiene que, en este nuevo espacio en el que la comunidad estará "reubicada", la "Revolución" pondrá a salvo las "organizaciones de la comunidad"; aquí ellas estarán libres de las "interferencias" y "distorsiones" que las afectan; el espacio protegido por la "Revolución Argentina", se convierte así en el espacio del renacimiento, el verdadero lugar de la vida para los argentinos. Aquellos que se sitúan fuera del espacio limitado metafóricamente, no acceden al renacimiento. Quedan entonces relegados al espacio de la muerte. Este discurso de Onganía intenta reconstruir los límites de la nacionalidad, expulsando hacia los márgenes aquello que, por razones políticas y económicas relacionadas con la "normalización" del capitalismo, ya no puede pertenecer al proyecto cultural de país que sostiene la dictadura argentina.

Resulta bastante obvio que la función fundamental de la metáfora de la línea limítrofe en el discurso de Onganía es restringir los movimientos, la acción y los procedimientos de la acción política de la sociedad civil, y que corresponde, en la praxis política, al cierre de los canales de comunicación que el gobierno ha clausurado. El dictador estipula que es necesario enderezar la comunidad para que ésta vuelva a formar parte de la "argentinidad". Para ello, los sectores, que padecen distorsiones, tienen que reubicarse, renacer y estar al cubierto de posibles interferencias, bajo la protección y vigilancia de la dictadura militar.

Esta misma imagen de la ruptura como frontera se encuentra en los discursos de la resistencia, pero en ellos se concreta en un significado diverso y en tensión de acuerdo a la praxis y la posición política diferente. La metáfora del límite, propuesta inicialmente por Onganía, se lee también en los discursos de la oposición, pero su significado es exclusión, encierro e inmovilización, radicalmente distinto al sentido propuesto por el discurso de Onganía de "renacimiento" y "reubicación" salvadora de distorsiones. Por ejemplo, Agustín Tosco, líder del sindicalismo más radical y opuesto a la "Revolución Argentina" se resiste a esta nueva ubicación. Según las palabras de Tosco, la dictadura quiere "obligar[les] a quedar[se] en el límite, a encerrar[les] en las fronteras del acuerdo". La "reubicación", que según Onganía era el modo de volver a la vida y el modo de renacer a una vida mejor, se ha tornado ahora, según el líder obrero en un "encierro", en una encarcelación que inmoviliza y a la que es necesario resistir. Desde Tosco se lee esta propuesta de desplazamiento de las comunidades hacia un nuevo espacio, como una demarcación que genera una restricción que impide el movimiento. Desde esta óptica, es un límite que recluye, con una legalidad que, según Tosco es solo aparente, puesto que la única base para ella es el respeto a los deseos del autoritarismo; las medidas de la dictadura son por tanto arbitrarias y funcionales a la represión dictatorial, por ello decretan que "todo lo que va más allá de lo tolerado por la Dictadura es peligroso, ilegal, cuando no subversivo" (Tosco 199).

Desde una posición política opuesta también a la dictadura y con un discurso que exhibe la fluctuación de los significados asignados a la metáfora de la ruptura, la guerrilla, en el comunicado del Destacamento Montonero "17 de octubre de las Fuerzas Armadas Peronistas" del 19 de septiembre de 1969, interpreta las medidas sociales, políticas y económicas tomadas por el estado autoritario como la imposición del "estado de sitio". El discurso de Tosco y el de la guerrilla perciben la "reubicación", como la exclusión del pueblo de las decisiones fundamentales del país (Baschetti). Mientras a Onganía le interesa trazar y mantener el límite que reglamenta el espacio político, económico y social que ciertos sectores de la comunidad deben ocupar, a los discursos de la oposición, que hablan en nombre de estos sectores excluidos, les interesa resistir a la imposición vigilada; otra vez, según palabras de Tosco, el gobierno autoritario que se ha convertido en un "gigantesco gendarme", y cuya función es, ahora en palabras de Perón, guardar las "fronteras ideológicas" (2, 128).[15]

---

[15] En 1965 Onganía ya había "procreado" la expresión "fronteras ideológicas". Más tarde, la misma expresión sería usada por el ejército argentino junto con el

¿Cuál es su mayor ambición compañero carcelero...? Ser tan libre como usted.

(*La Opinión*, 11 de mayo de 1971).

La imagen se hace eco del discurso de Tosco, en ella reaparece la idea de que "todos" están presos guardados por el "gigantesco gendarme" que es el Estado. Nos preguntamos ahora, ¿en qué consiste esta "encarcelación" estrechamente vigilada por el estado? ¿De qué está formado y qué encierra este límite?

---

brasileño. Ellos deberían resguardar dichas fronteras en Sudamérica, en ocasión del triunfo del marxismo en Chile. *Panorama (No. 182: 10-70)* trae esto a colación con motivo de los rumores de que Argentina "resbaló en su gestión de mandataria de la política de Washington en Sudamérica" (16).

Según el discurso de Onganía, el límite aparece ante las "nuevas circunstancias" de la Revolución; divide todo aquello que constituye la política gubernamental del momento respecto de las "las circunstancias" que se le oponen y que son las que la llevaron a tomar el poder. Tosco, que afirma ver claramente cuáles son los argentinos a los que esta separación inmoviliza, enumera tales "circunstancias" y, al hacerlo, nos muestra quienes son los que quedan atrapados en la exclusión de la política gubernamental. Las políticas "correctoras" de estas "circunstancias" propuestas por Onganía son, según Tosco, la "anulación de [las] conquistas sociales": la eliminación del sábado inglés (Ley 18.204); la derogación de la ley de despido; la supresión de la indemnización (Ley 17.391 y 17.258); la imposición de "trabas" para el funcionamiento de las Obras Sociales de los Sindicatos (Ley 17.230) y la ley de Racionalización Administrativa (Ley 17.494). Además, el congelamiento de los sueldos y la terminación de la posibilidad de aumentos decretados en la Ley 17.224. Todas las medidas son, para Tosco, equivalentes a un "encarcelamiento y no son "legales" puesto que están dictadas bajo el autoritarismo de la dictadura y restan derechos a los sectores obreros y trabajadores de la Argentina.

En una paradoja solo aparente, Tosco afirma que este límite que "encierra", al mismo tiempo, ha "arrojado a la calle miles de empleados y obreros estatales". El "encierro", la marginación que el plan económico del gobierno trae para los obreros, es al mismo tiempo la "expulsión" de estos sectores sociales del espacio de la vida nacional económica y política: se los expulsa y se los condena a una prisión donde se impone la inmovilidad y el encierro económico y social, cuando no físico. Las dos metáforas -el encierro y la expulsión- funcionan como complementarias, y nos remiten a una comprensión más cabal de la realidad a la que Tosco apunta y que aparece en el control ejercido por el gobierno ante los intentos de cualquier pronunciamiento político de la sociedad civil. Por otra parte, en las medidas que Tosco enuncia queda clara la "anulación" de los recursos y los derechos adquiridos previamente por los sectores sindicales, medidas que, según Tosco afirma, implican una "vuelta de la esclavitud" (Baschetti 305).

Esta percepción de una Argentina dividida es la fundamental del momento y subyace a todos los discursos y a todo el sistema metafórico. Onganía la reitera enfáticamente, en múltiples ocasiones, cuando señala la importancia de conseguir la unidad de los argentinos. La urgencia de conseguirla señala necesariamente su ausencia y subraya así indirectamente la división que sufre la Argentina del momento y que, según Onganía, es necesario "unificar espiritualmente". En su "Mensaje al pueblo de la República" del 7 de noviembre de 1966, tras expresar dicha necesidad, propone "establecer la legislación que facilite la unidad espiritual y la consolidación moral de la población", cuya fragmentación está, según el dictador, acompañada de la erosión de la moralidad. El lenguaje moralista y espiritualista de Onganía contrasta, fuertemente, con el discurso de los líderes de la oposición que señalan los hechos y las leyes cercenadoras de derechos de gran parte de la sociedad que tienen que ver con la existencia material.

Resulta interesante recordar que, mientras desde el discurso de la "Revolución Argentina" se señala como meta el conseguir la unidad de los argentinos e indirectamente rescatarlos del estado de "moralidad erosionada" que sufren, unos días después de instalada la "Revolución Argentina" sucede la "Noche de los Bastones Largos". En ella, con la violencia ejercida por las fuerzas policiales a órdenes de la dictadura, se obliga a estudiantes y autoridades a abandonar el recinto universitario. Una forma violenta de ponerlos dentro de "los límites"que el estado fija para ellos; mientras en el discurso explícito dictatorial se dice querer recuperar la unidad de la Argentina, se remarca, con acciones dirigidas por el poder dictatorial, la existencia de esa frontera ideológica separadora de los argentinos; al hacerlo, se establece la exclusión de aquellos que se encuentran del "otro lado" y a los que se les niega participación de la nacionalidad.

Una vez más aparece la percepción de la falta de unidad que Onganía había planteado en el texto dirigido a la Junta de Gobernadores de la Patagonia, en marzo de 1967 en el que ahora añade una descripción calificadora de los dos espacios. Onganía afirma que "En la conciencia de cada argentino está clara la existencia de esa unidad", pero inmediatamente relativiza su afirmación al reconocer que tal unidad no existe realmente: ella "no es, en el presente momento de nuestra vida, histórica, efectiva y operante". Ello se debe, continúa al final del mismo párrafo, a que "hay conos de luz y conos de sombra", y que entre ellos no componen "un paisaje armónico sino una estructura discordante".

Esta visión es compartida por los sectores cercanos a la dictadura. Por ejemplo, Alberto Juárez, vecino de Cildañez, en una de las "Cartas", enviada a *Panorama*, describe la ciudad de Buenos Aires, como rodeada de un "foco infecto y maloliente que enloda Buenos Aires" que es el "refugio de delincuentes" (No. 41, octubre 1966: 13). Estos son los "conos de sombra" del discurso dictatorial.

2- La Argentina: un paisaje problemático

En marzo de 1967, cuando había pasado ya casi un año de la instauración de la dictadura de la "Revolución Argentina", la unidad homogéna, deseada por la dictadura, no se avizoraba en el horizonte. En este momento, Onganía reconoce la problematicidad con que aparece el "paisaje" argentino que, no solo está fragmentado, sino que sus fragmentos son "discordantes". Evidentemente, la nación es imaginada por el representante de la "Revolución Argentina", como un espacio dividido en el que se escuchan disonancias, oposiciones, desavenencias y discrepancias que son el eco de conflictos, cismas, y escisiones o rupturas que apuntan, nuevamente, a la metáfora nodal de la época: la del "mundo escindido". Dentro de este "paisaje discordante" se ven desde la perspectiva de la "Revolución", resquicios de positividad, 'conos de luz'—que contrastan con los espacios de "sombra"—espacio donde se encuentran la dictadura y los sectores aliados. Esta escisión se haría cada vez más clara y es la que llevaría a los trágicos sucesos que, de ahí en más, siguieron en la historia argentina. Al respecto, la revista *Panorama* de abril del 68 afirma que "la sociedad argentina comienza a mostrar signos de su escisión vertical" y que hay "evidencia de que el pleito por el poder transcurre en los estratos más altos de la sociedad" (No. 58: 36-41).

¿En qué consiste entonces, en este momento político, la unidad que el gobierno dice buscar? ¿Son los "conos de sombra" los causantes de esta realidad argentina fracturada? El discurso de Onganía y los acontecimientos políticos ocurridos revelan que, según la dictadura, la única forma posible de alcanzar la unidad homogénea que persigue el poder es suprimir las diferencias. Se pretende alcanzar la unidad mediante la obediencia irrestricta de todos los sectores y el total acuerdo con las disposiciones y dictámenes de la "Revolución Argentina", que responden a lo que se propone como una Argentina ideal. En esta dirección, recordemos la Noche de los Bastones largos como ejemplo de la intolerancia hacia las universidades argentinas, consideradas desde el gobierno como cunas de la subversión y el comunismo. La represión, que para entonces alcanza todos los niveles, es el método para llegar al ideal del fin de la ruptura; esta se alcanzará si se consigue homogeneizar el país. La "Revolución Argentina" no puede concebir la posibilidad de una unidad heterogénea, donde quepan distintas visiones, posiciones políticas, modos de vida e interpretaciones de la realidad. Han quedado prohibidos el disentimiento y la discusión.

Paradójicamente, una unidad heterogénea y temporal es el único tipo de unidad que se va a conseguir frente a las elecciones de 1973. La unidad estará ubicada en el espacio de la oposición a la dictadura, "resolviendo" diferencias que, según se declara, se distancian de las contradicciones de los "enemigos"; esta unidad en la heterogeneidad se construye en la lucha por superar las discrepancias de los segmentos de la oposición en función del proceso revolucionario (Martínez, 217).

La afirmación de la lírica de Martínez sigue la conceptualización de "lo político" de Chantal Mouffe[16] quien ha afirmado la necesidad de un debate "agonístico" sobre las posibles alternativas al orden hegemónico existente para la existencia de la democracia. Mouffe agrega que siempre existe la posibilidad de que esa relación nosotros/ ellos, se convierta en una relación entre amigo y enemigo en cuyo caso,

> lo que la política democrática requiere es que los otros no sean vistos como enemigos a ser destruidos sino como adversarios cuyas ideas serán combatidas, incluso de modo, virulento, pero cuyo derecho a defenderlas nunca será puesto en cuestión... que el conflicto no adopte la forma de un "antagonismo" (enfrentamiento entre enemigos) sino la forma de un "agonismo" (enfrentamiento entre adversarios) [sin embargo] la dimensión antagónica está siempre presente, puesto que lo que está en juego es

---

[16] Incorporo la teoría política de Chantal Mouffe, posterior a los eventos del momento estudiado, por ser muy pertinente a la comprensión de los argumentos desplegados en este ensayo.

la lucha entre proyectos hegemónicos opuestos que nunca pueden ser reconciliados racionalmente, de modo tal que uno de ellos debe ser derrotado. Se trata de una confrontación real, pero una confrontación que se desarrolla bajo condiciones reguladas por un conjunto de procedimientos democráticos... todos los que proclaman el fin del antagonismo y el advenimiento de una sociedad consensual están de hecho poniendo en peligro a la democracia al crear las condiciones para la emergencia de antagonismos que no pueden ser canalizados por las instituciones democráticas. (Mouffe 17-25)

En lo que parece constituir una confirmación de lo anterior, un poco más tarde que Martínez en la lírica, Juan Garcia Elorrio en el primer número de la revista *Cristianismo y Revolución* dice "en 1970 esta exigencia de la unidad en la lucha es una de las lecciones más potentes y gloriosas de los hechos que hemos vivido en 1969".

Esta lucha sucedía también dentro de las tres fuerzas que formaban el gobierno. Conviene recordar que Onganía, que era parte de la facción nacionalista de las Fuerzas Armadas, había tenido que hacer, a principios de 1967, concesiones a los liberales y a la burguesía. Se había visto obligado a aceptar una división del poder y aceptar que las medidas nacionalistas, encargadas de "guiar" a la nación e imponer el "orden" necesario para implementar los cambios que vendrían, se harían siempre de acuerdo al modelo liberal. El sector liberal de las Fuerzas Armadas sería, según lo acordado, el encargado de la política económica y social. Por ello, Krieger Vasena, apoyado por la alta burguesía, es nombrado ministro de Economía. La economía guiada por principios liberales tomó medidas tendientes a liberar los mercados y facilitar el camino para la llegada de importantes inversiones extranjeras. Fueron suprimidos los derechos gremiales y reprimidas las huelgas y actividades obreras. Kreiger Vasena tenía fuertes conexiones con las organizaciones más dinámicas y transnacionalizadas de las clases dominantes y con los bancos internacionales. El poder quedó entonces dividido y los intentos de Onganía por pasar a la "fase social" del plan de gobierno, eliminados.[17]

La inmovilización política y la prescindencia del capital nacional en el programa de la "Revolución Argentina", constituyen una doble exclusión que incrementa fuertemente las desigualdades preexistentes en la sociedad argentina, lo que se intensifica con el auspicio de la transnacionalización de la sociedad. Las medidas de carácter económico, político y social obedecen directa y claramente a la restitución del capitalismo liberal y legalizan todo aquello que sea necesario para ello. De acuerdo con esto, proponen un país ideal con la pretensión de que su propuesta se vea como descendiendo desde la altura, desde una posición en la cual domina la imparcialidad neutral y el deseo de conseguir una Argentina mejor. Este discurso enmascara el interés de favorecer el liberalismo económico de libre mercado, con el dominio del capital y su transnacionalización.[18]

---

[17] La "fase social" consistiría en que una vez "normalizada" la economía vendría el "tiempo social" en el que se redistribuiría la riqueza para eliminar los conflictos sociales. Esto nunca pudo ser implementado pues contrariaba el programa liberal.

[18] La imposición del sistema capitalista liberal se fue concretando en los gobiernos posteriores. El más reciente gobierno que auspició el liberalismo de libre mercado bajo el capitalismo financiero, fue el dirigido por Mauricio Macri (2015-2019) con gran daño a la estructura económica y social del país, especialmente a la salud, la educación y la vivienda, además de la enorme deuda contraída.

Era una época de efervescencia de los ánimos jóvenes y Revolucionarios en América Latina. En todo el continente resonaba el proceso cubano con la propuesta de un cambio de estructuras radical. Por ello resulta explicable que, desde la óptica de las Fuerzas Armadas, que defienden modelos culturales tradicionales, se temiera la heterogeneidad y apareciera el afán de eliminar toda influencia extranjera junto a todo lo que pretendiera un cambio a la tradición.

A este aspecto alude Geno Díaz cuando en la revista *Gente* del 23 de abril de 1973, exhibe la caricatura con el siguiente texto: "Aquí está la colección de 'otoño-invierno...'" que presenta vestidos para todas las ocasiones, entre los que propone un vestido a la usanza del siglo XVI.

(*Gente*, Año 8, 26 de abril de 1973. Dibujo de Geno Díaz)

El pie de foto en la revista Gente dice así:

> Modelo de gran gala, ideal para quienes viven angustiados a la busca de nuestra real y autentica tradición. Como la tradición comenzó alguna vez, es posible que se llegue hasta el siglo XVI español si no se quiere llegar hasta más atrás en el tiempo. Con este modelo no se corre el riesgo de quedar fuera de moda.

Según la opinión de Anzorena, la exigencia del cambio de estructuras no sería fruto de la influencia extranjera, sino el estadio final de un desarrollo que desemboca en la violencia. (11 7) El sostiene que las propuestas que van contra la tradición, entre ellas la lucha armada "surge[n] de la experiencia directa de las masas obreras argentinas y es incorporada al partido por su vanguardia, que ha recorrido previamente el camino de la lucha pacífica...". La lucha habría estado leudando como infrapolítica hasta encontrar, en este momento, las condiciones para manifestarse y emerger como acción política en el campo nacional.

Resulta obvio, sin embargo, desde la lectura de los decretos y las leyes promulgadas, que el ideal argentino descrito está definido de acuerdo con los intereses específicos de los grupos allegados a la facción liberal de las Fuerzas Armadas encabezadas por Lanusse. Consistentemente, todo aquello cuyo ideal no fuera el modelo cultural capitalista liberal debía eliminarse. Al finalizar la "Revolución Argentina", cuando el programa de la Revolución está tan desgastado que se ha aceptado el llamado a elecciones en 1973, con la consiguiente apertura para los partidos políticos, Lanusse reconocería este estado de cosas, con una posición crítica que demuestra haber sido constante en él, al afirmar la imposibilidad de imponer un modelo enmascarado de modo que pretenda perseguir, desde arriba, la "santificación de las almas".

3-Miradas, espacios y paisajes alternativos

Los textos políticos, teatrales y lírico-populares de la oposición responden a esta espacialización de la política con sentidos variados y trazados paralelos, pero siempre en dirección opuesta a la propuesta por el discurso de la dictadura, con voces que hacen su propio mapa del "paisaje argentino".

A partir del momento en que Krieger Vasena accede al manejo de la economía del país y representa el poder económico de la Revolución, es posible leer la "ruptura" de la nación en el discurso de Tosco, como correspondiendo a la división económica, que las medidas ortodoxas económicas del equipo liberal del gobierno de Onganía habían profundizado. El líder sindical afirma que la serie de restricciones económicas, sociales y políticas, impuestas por esta política económica del gobierno, son la causa de la aparición o el aumento de las villas miseria; para probarlo, Tosco transcribe los siguientes datos oficiales remarcando la irrefutabilidad de tal información, puesto que los datos están tomados de fuentes oficiales y publicados en *Clarín* de Buenos Aires.

> En la Zona de la Capital Federal y Gran Buenos Aires, existían 607 ciudades "satélites" de chapa y cartón. Son datos oficiales. No son inventos. Y en esas 607 villas miseria se alojan nada menos que cuatrocientos mil habitantes... Los "muestreos" efectuados por el Ministerio de Bienestar Social y la Comisión de la Vivienda de la Municipalidad de Buenos Aires han producido estas cifras respecto de la cantidad de personas que viven en esos aglomerados ciudadanos: en la Capital Federal son 108.594, en el Gran Buenos Aires 285.272, lo que da un total de 393.866. (Tosco, 180)

Estos datos muestran, según la lectura que hace Tosco, la existencia de una Argentina "no inventada" formada por más de cuatrocientos mil habitantes que habitan en viviendas de "chapa y cartón". Resulta obvio que para el líder sindical la fragmentación de la argentinidad no se debe a un decaimiento moral y a la falta de "unidad espiritual" de los argentinos. Se debe, según él y contrariando la tesis de la dictadura, a una realidad material, social y política, consecuencia de la política económica liberal ahora instalada en la política económica de la "Revolución Argentina".

La estrecha vinculación de los sectores liberales de la nación con los poderes transnacionales, parecería ser la causa de que los discursos opositores visualizaran esta división de la Argentina respondiendo a la diferencia entre lo genuinamente "argentino" y aquello que desde el extranjero se quiere imponer para el país. Tiene sentido por ello que los principales ataques de El Cordobazo[19] hayan sido en contra de firmas como Xerox, Citroen o Tecnicor. La sensación parece haber sido la de necesidad de resistir frente a una invasión extranjera. Al respecto el general Sánchez Lahoz en sus declaraciones comenta: "Me pareció ser el jefe de un ejército británico durante las invasiones inglesas. La gente tiraba de todo, desde sus balcones y azoteas...". (*Extra* 48 - 69 en Anzorena 61)

Que la aparición del estallido haya sido en Córdoba, protagonista de la explosión, justamente la provincia "comparativamente mejor situada" no es una paradoja. Conviene recordar con Rodolfo Terragno, en "La crisis, los pactos, los dirigentes" publicado en el diario *La Opinión* el 10 de mayo de 1971, escribe que justamente "los sectores con mayor capacidad de respuesta son los que—siendo

---

[19] El estallido obrero-estudiantil del "Cordobazo" el 29 de mayo de 1969, puso al descubierto la debilidad del régimen las fuerzas armadas rompieron el pacto con Onganía y empezaron a exigir participación en las decisiones. Onganía leyó el Cordobazo como resultado del extremismo que él combatía en sus discursos, mientras por ejemplo Lanusse, en ese momento Comandante del ejército, lo interpretó como una señal de que el descontento había llegado al límite y que había que llamar a elecciones. La consecuencia política más fuerte de este estallido fue, además del debilitamiento del régimen de Onganía, la apertura del campo para la violencia como arma de resolución política.

víctimas—resultan comparativamente menos afectados y tienen, por lo tanto, una mejor perspectiva", allí Terragno afirma lo inútil de los arreglos que incluyan solamente a los dirigentes y que omitan una "reivindicación social"; opina que los arreglos en esas condiciones se convertirían en nuevos "factores concurrentes con la crisis económica".

Por otra parte, el dibujo de este mapa que muestra la Argentina dividida en dos espacios, ya lo encontramos en la carta que Perón, el 28 de octubre de 1967, dirige desde Madrid a Alberto E. Asseff, y que describe el mundo argentino fraccionado en dos espacios completamente opuestos y diferenciados: "de un lado [es tan] los que defienden la justicia social, la independencia económica y la soberanía popular y nacional", "los que creen que debemos ser nosotros los que manejemos nuestra economía" y "los que pensamos que el gobierno argentino debe ser elegido por el pueblo". Este "lado" se distingue del "otro lado", en el que están "los que creen más conveniente que el país sea satélite del imperialismo", que la economía sea manejada por el Fondo Monetario Internacional, y que la elección del gobierno sea decisión del pentágono o del State Department. Y añade al final del mismo párrafo, "lo lamentable es que esta "Revolución Argentina...se encuentre precisamente colocada en contra de su Pueblo, porque está precisamente en el segundo de los bandos antes mencionados."

Perón contrapone el espacio ocupado por la Revolución con el espacio ocupado por el "pueblo"; el espacio en el que sitúa al gobierno corresponde a la aceptación de una manipulación de la Argentina que viene desde afuera con la renuncia a su autonomía; el modelo que el gobierno de las Fuerzas Armadas propone no puede ser, entonces, auténticamente argentino. El otro espacio, contrario a la "Revolución Argentina", corresponde, continuando con Perón, al "pueblo" que busca la autonomía y la autodefinición, tanto en el frente político como en el económico y el social. La inversión valorativa se observa si notamos que para Onganía, la "luz" estaba con la "Revolución" y la "sombra" era lo que había que eliminar para lograr la unificación de la nación. Esto se confirma si prestamos atención a la adjetivación que usa Perón respecto del espacio autoritario, al que califica como "lamentable". Aunque la visión de la ruptura sigue presente en los discursos de la oposición a la "Revolución Argentina", es evidente que se ha invertido el sentido de las metáforas respecto de sus espacios referenciales y con ello, de sus valores. El discurso de Onganía había planteado en el contraste luz/sombra, el referente del signo adoptado en la lengua y la cultura que adjudica valores positivos a la primera y negativos a la segunda; justicia, soberanía ya no pertenecerían al espacio de la dictadura al que correspondería la "sombra", como lugar "lamentable" del país. La metáfora desliza su sentido de acuerdo con la posición ideológica de sus emisores como constataremos repetidamente en este ensayo.

La afinidad ideológica y no una mera coincidencia con Perón, explican que Raymundo Ongaro, tipógrafo de la izquierda cristiana e importante dirigente gremial peronista, exprese su visión de la Argentina escindida con la misma metáfora espacial, los mismos referentes y valores que los observados en el texto de Perón. Ongaro percibe a la Argentina, a partir de junio de 1966—fecha en que comienza la "Revolución Argentina"—como dos espacios que sufren "un proceso de polarización", donde los ricos van a quedar "a un lado y los sirvientes de los ricos y los pobres y los que luchan por la igualdad social del hombre, van a estar del otro lado..." (Baschetti 354-5) Por su parte, la revista *Panorama* en el artículo "¿Valió la pena hacer la Revolución?" describe el "problema argentino, [como] la gran fractura política... relacionada con una suerte de enfermedad social." (No.58-4/68), metáfora que también se inserta en el discurso político argentino como veremos más adelante.

Se observa que el contraste entre la "luz" y la "sombra", como imágenes caracterizadoras de los espacios en que la Argentina aparece dividida, surge también en el discurso de Carlos Mugica, sacerdote tercermundista que, habiendo pertenecido a la clase alta de Buenos Aires, narra explícitamente el descubrimiento de esta doble realidad que compone la Argentina desde una vivencia profundamente personal. Mugica ve su casa, el Palacio de los Gansos, ubicada en pleno Barrio Norte desde donde él va caminando regularmente a la Villa Retiro para ejercer sus deberes de sacerdote, como el espejo deformante contra el cual contrasta el encuentro de ese otro mundo, que se revela para Mugica como el espacio de la verdad, y al mismo tiempo, de la desesperanza. Estas mismas características surgen en las encuestas publicadas por *Panorama*, realizadas por Miguens, cuando éste concluye que "Pocas veces hemos visto un cuadro estadístico que presente mejor una triste situación social. Mientras unos, los de arriba se entusiasman y polemizan, los otros, los de abajo viven apartados y sumidos en su desesperanza" (No.58/4/68). El brillo del Buenos Aires del Palacio de los Gansos y de la ciudad de "los de arriba" deforma y oculta esa otra realidad.

Un acontecimiento político preciso, la caída de Perón, en 1955, ha sido la ocasión para que Mugica tomara conciencia de esa realidad escindida en dos fragmentos antagónicos: tristeza y duelo de un lado y victoria y celebración en el otro; observamos la aparición de dos sensaciones encontradas, opuestas pero correspondientes a la sensibilidad social de cada uno de los mundos. Escuchemos su narración: "Cuando salí a la calle aspiré en el barrio la tristeza... Si la gente humilde estaba de duelo, entonces yo estaba descolocado: yo estaba en la vereda de enfrente... Sí, yo estaba en la vereda de enfrente" (169-172).

Mugica siente que "su mundo" se "derrumba"; que él se "reubica" respecto de su pasado y cruza al espacio de "la gente humilde". Esta especie de conversión revela con evidencia la escala axiológica en que Mugica sitúa a los dos espacios: su alegre ingreso al mundo de la "sombra" y el abandono de "la vereda de enfrente", son el reconocimiento de que la vida en la superficie luminosa del Barrio Norte era una equivocación, una falsa apariencia de luz, sólo un espejo deformante.

La relación metáfora / espacio es la misma que leemos en los discursos de Onganía: en los dos discursos, la "sombra" se refiere a los espacios marginales de Buenos Aires. Pero Mugica genera la lucha simbólica por la inversión de los valores adjudicados a los dos espacios. El espacio de la "sombra", donde viven los "castigados" por el sistema, es el espacio que Mugica construye como positivo, y que contrasta con el Buenos Aires moderno, el de "la luz", el del Palacio de los Gansos que, en su discurso, está cargado de negatividad. El sacerdote afirma que la incomunicación e incompatibilidad de estos dos mundos es radical; que es imposible estar en los dos lados. Si se está en un lado del espacio ni siquiera se puede comprender el otro. Una vez que se ha tomado conciencia del límite divisor de los dos mundos, su traspaso solo puede realizarse mediante un ritual de paso o un acto transgresor.

Esta creencia de Mugica parece corresponder nítidamente a la visión de la realidad argentina del momento, que se hace evidente tanto en el discurso político como en la lírica popular. La existencia de una realidad oculta debajo de la superficie aparece también en el siguiente texto de la "Solicitada de la Confederación General del Trabajo" firmada por José Ignacio Rucci, donde se declara que hay una "Argentina autónoma, social y popular [que] navega en la interioridad del curso histórico y tarde o temprano irrumpirá en la superficie" (*Las Bases* No. 1, enero 1972). Aquel mundo de las sombras/en el que radica la luz, saldrá en algún momento a la superficie donde el dominio de la luz es engañoso. Por otra parte, la siguiente anécdota tomada de la música popular parece confirmar esta división espacial. Miguel Grinberg recuerda que Rodolfo Alchourrón, director del grupo Sanata y Clarificación, decidió invitar al "complaciente" Carlos Bisso al Festival B.A. Rock I realizado en noviembre de 1970 en el Velódromo Municipal. Cuenta Grinberg que cuando Bisso apareció "La lluvia de monedas fue tremenda" y comenta: "... Los términos medios ya no existían. Se estaba de un lado o del otro." (83) En el campo de la música también se había generado esta escisión, de un lado estaba la llamada "música progresiva" y del otro, la "música complaciente" y, entre ellas, había un abismo imposible de zanjar.

4-El límite en el espacio escénico

Es interesante observar como desde la escena teatral y la lírica popular también se da testimonio de que la división en la Argentina—presente en todos los discursos de la oposición—se debe a la acción de la dictadura de la "Revolución Argentina". Este es el caso de "La canción del caminante" de María Elena Walsh, que era, junto con "Canción de cuna para gobernantes", parte del espectáculo "Juguemos en el mundo" que Walsh estrenó en el Teatro Regina el 4 de abril de 1968[20]. De igual manera, *Talía* comenta que el espectáculo teatral, a pesar de consistir solo en su autora cantando en el escenario, tuvo un éxito sorprendente (34.1966: 16) y *Primera Plana* registra que la recaudación fue de 100.200 pesos, una de las mas altas de la temporada (No. 277, 1968).

Estos datos tienen importancia por lo que ellos significan: dan fe de la existencia de un gran público argentino que aceptaba el

---

[20] Según la revista *Visión*, el disco que salió a la venta, con doce canciones de las dieciocho que componían su recital, vendió 7.000 unidades solamente en la primera impresión (2: 1968).

discurso de Walsh y lo celebraba. Una vez más, la autora afirma que la política de los que "dominan" es la causa de la "separación" de la sociedad en mundos distintos. Walsh evalúa esta política negativamente y manifiesta la intención de luchar en su contra; describe la Argentina como un espacio de muerte y donde sin haber guerra, se lucha: "Siempre nos separaron los que dominan/ pero sabemos hoy que eso se termina. /Porque la vida es poca y la muerte mucha / porque no hay guerra, pero sigue la lucha."

La fragmentación del mundo argentino, según Tosco, Perón, Ongaro y ahora Walsh, se debe a la política económica y social de la Revolución[21]. La "Milonga de andar lejos", de Daniel Viglietti, expresa esta partición de la realidad argentina y confirma la misma percepción de la Argentina. Esta canción hace la diferencia entre "ellos" y "nosotros". Dice: "No somos los extranjeros/ Los extranjeros son otros/ Son ellos los mercaderes/ y los esclavos nosotros". A la división espacial y a la contención de ciertos sectores dentro de ciertos límites, este texto agrega explícitamente la discusión por la "argentinidad". Afirma que en ese momento los verdaderos argenti-

---

[21] "Tema en Flu" sobre su planeta" de los Abuelos de la Nada, que aparece en 1968, apunta también al "hombre" como el culpable de esta división cuando dice, "La tierra era antigua como el mar o como el sol/ ella estaba sola, vino el hombre y la lanzo / la dividió/ la separó." (Bitar 24). Sin embargo, no señala directamente al poder como lo hacían Tosco, Perón, Ongaro y Walsh. Agrega en cambio, el contraste entre un pasado con "sol" y sin "el hombre" y un presente con la tierra dividida. Reaparece la metáfora de la "luz", pero ahora en lugar de estar colocada en el futuro de una sociedad homogénea, se desplaza a un pasado anterior a la ruptura, descrito como una edad dorada. A diferencia del texto de Walsh que positivamente afirma la posibilidad del fin de la división mediante la lucha, este texto anuncia la perdida de la unidad con desesperanza. "Tema en Flu" suena más bien a la añoranza de una naturaleza pura e intocada tan en boga en los años sesenta. Es interesante sin embargo anotar que para expresarlo se usa la misma metáfora de la escisión y que, si bien no sabemos cuán lejos en el tiempo se sitúa la "luz", podemos afirmar con certeza que ella no se encuentra en el presente de la "Revolución Argentina".

nos son los esclavos, al tiempo que niega la identidad argentina a los "mercaderes" en lo que parece ser un guiño a los defensores del libre mercado. Esta canción publicada dentro de la colección "Canciones para el hombre nuevo", del mismo autor, enfatiza la fuerte polarización con que Viglietti expresa su visión de la Argentina. Las canciones proponen la formación de un nuevo argentino que mediante la violencia y con la aprobación de Dios, corte radicalmente con el pasado. Este "hombre nuevo" se haría, según este discurso, juntando "las sangres" y "borrando los siglos/ del miedo y del hambre"; tendría "Por brazo un fusil/ por luz, la mirada/ y junto a la idea/ la bala asomada" "por corazón/... el del guerrillero". Su discurso se ubica en el espacio de la izquierda cristiana que alimentaba ya desde 1970, las fuerzas guerrilleras, en las cuales ciertos sectores se apoyaban en ciertas ideas provenientes de la Teología de la Liberación, especialmente en el concepto de la "violencia justa".

En los tres autores de lírica popular mencionados, podemos ver los distintos matices con que se presenta la escisión del mundo argentino. Mientras Los Abuelos de la Nada la señalan como una generalidad que difícilmente permite señalar un referente histórico o político, María Elena Walsh denuncia el poder y anuncia la lucha y Daniel Viglietti, que va más lejos aún, proclama la ruptura de un modo de vida y el advenimiento del nuevo sistema que era el que buscaban las juventudes revolucionarias de entonces.

Por la naturaleza dramática del teatro, que siempre enfatiza los conflictos, su discurso es mucho más complejo. En el escenario, donde escuchamos la voz de diversos sectores sociales, se exhibe un complejo entrecruzamiento de ideologías que, según el momento, pueden parecer más o menos irreconciliables, aunque siempre mediadas por la ideología del productor.

La observación de la evolución de las imágenes de acuerdo con el momento en que son producidas permite detectar cómo la metáfora de la escisión va adquiriendo distintos matices y especialmente, cómo hacia 1970, se va agudizando la elaboración estética de las oposiciones. *La pata de la sota*[22] y *El campo*[23] producidos en 1967 y 1968, respectivamente, son un buen ejemplo de cómo esta metáfora aparece en el discurso teatral antes de 1970.

Las dos producciones teatrales mencionadas presentan esta escisión, pero ella no es tan tajante ni evidente como va a aparecer en los espectáculos a partir de 1970, cuando las oposiciones y tensiones políticas se han exacerbado. La primera describe la Argentina dividida entre "el mundo de la gente decente" y "el mundo anormal de los negros". La familia de José, padre de una familia de clase media, protagonista del drama de Roberto Cossa, percibe el "otro mundo" como una amenaza y su miedo puede leerse como la metonimia del sentimiento de los sectores medios y altos ante el avance del sector popular, encarnado particularmente en el poder que los sindicatos habían tenido desde la administración peronista. La propuesta reconoce los dos mundos que aparecen simultáneamente pero que tienen todavía límites difusos; el sentimiento predominante que la escena de Cossa dibuja es un temor que no llega a convertirse en ataque o agresión. Por ello, *La pata de la sota* parece teatralizar más bien un momento anterior a la imposición drástica de la exclusión llevada a cabo por el Estado. En este sentido, la división que este texto señala es la fobia de los sectores medios a los "cabecitas negras" que, a partir de 1940, habían emigrado desde el interior a la Capital y que fueron, en 1945, la fuerza decisiva para el triunfo

---

[22] *La pata de la sota*, de Roberto Cossa, estrenada en el teatro ABC el 15 de abril de 1967

[23] *El Campo*, de Griselda Gambaro, estrenada en el Teatro de la Sociedad Hebraica Argentina el 11 de octubre de 1968.

del peronismo, enemigo acérrimo de la clase media con pretensiones de clase alta.

En *El campo*, se revela la Argentina dividida entre un mundo "real", homogéneo, limpio y luminoso de la superficie, desde el cual es imposible ver el "otro" mundo invisible, subterráneo, locus de la muerte y la basura. La ambigüedad del título ha dado pie para que la crítica pueda afirmar como lo hace por ejemplo Jean Franco en "Self destructing Heroines" que el drama sucede en Auschwitz, ofreciendo una interpretación ajena al contexto argentino. Según mi lectura y ubicando la obra en el contexto, el texto sugiere ese presente argentino, en el que la sociedad no es capaz de ver más allá de la superficie que esconde una realidad diferente, tal como por ejemplo la prensa apunta.

En *El campo* detrás de la gestualidad, orden y limpieza que constituyen el mundo de la superficie, donde reside el poder autoritario personificado en Franco[24], percibimos la existencia de un mundo subterráneo, que se revela paulatinamente a través de ciertas señales auditivas y olfativas. El espacio escénico visible, en el que se desenvuelve Franco, tiene un "interior de paredes blancas, deslumbrantes", al mismo tiempo que se escucha, procedente de otro lugar, "una algarabía de chicos, mezclada extrañamente con órdenes secas, autoritarias". Aún más, "Debajo de todo esto, subsiste una especie de gemido, arrastrándose subterráneamente que por momentos parece una ilusión auditiva" (7). Franco mismo sugiere la existencia de dos mundos distintos, cuando le explica a Martín, el contador, que viene a trabajar en aquel lugar, que "los alrededores son maravi-

---

[24] Es curioso que Gambaro haya elegido Franco como el nombre del protagonista de este texto, un nombre con obvias resonancias histórico-políticas. Recordemos que el ala paternalista del ejército a la que pertenecía Onganía, era de ideología nacionalista, corporativista y admiradora del General Francisco Franco.

llosos. Usted da un paso y ya encuentra otro mundo, se sepulta en lo bucólico, lo agreste, lo... (Ladran ferozmente los perros)". A Martín no se le permite ver ese otro mundo, situado "debajo" y distinto al de Franco, del que sale un "olor a quemado" y "gritos" y donde hay "perros muertos entre la basura", que a veces se queman sin que estén "del todo muertos" (23).

El grotesco de *El campo* puede leerse como mímesis de la realidad argentina del momento[25]. Si las acciones de la dictadura y sus consecuencias son disimuladas tras una superficie de "orden" y "limpieza", y la oposición política se refugia en la clandestinidad o en la lucha simbólica, no es fácil "escuchar" lo que ocurre bajo la superficie. Estas señales teatrales pueden ser el germinar de una reacción que, en el caso de Emma no puede ocurrir por la complicidad de silencio que este personaje adopta: ella niega selectivamente las señales tanto corporales propias como las que llegan desde el "afuera" del espacio "blanco" y "luminoso" de su sometimiento a Franco. Desde la historiografía, O'Donnell relata el momento y afirma que la política de la oposición, silenciada, cubierta por la represión y el consenso tácito, se puede oír solo en lugares y por medio de señales que no son fácilmente accesibles a los oídos sintonizados solamente para la política convencional. (210). Estas claves en *El campo* señalan insistentemente una realidad oculta, invisible y que Emma—la prisionera del campo—no quiere o no puede reconocer.

---

[25] Y visto desde hoy, parece ser una premonición de lo que sucedería a partir de 1976 con la detención ilegal, tortura y muerte de treinta mil personas que la dictadura del Proceso consideraba peligrosos.

El campo descubre al encubrir esta realidad oculta y subterránea, pero lo hace limitándose a señalar su existencia, y a causar impacto en el espectador mediante sus técnicas teatrales, pero sin enfatizar ni polarizar directamente su antagonismo. Más bien se pone el acento en el afán de disimulo de Emma, que de tanto no ver, termina siendo cómplice de Franco. Esta metáfora bien podría conectarse con la imagen de la burguesía como prostituta que proponen otros textos dramáticos de la época y que parecen hablar de la capacidad de negociación de la burguesía que, en aras de mantener sus privilegios, va y viene en un movimiento pendular cuya dirección depende de lo que es más conveniente para sus intereses del momento. Emma le sigue el juego a Franco y es el factor decisivo para que Martín que llega al "campo" para hacer trabajos de auditoría sea, al final del drama, también marcado e incorporado al "campo". La pasividad cómplice de Emma aparece como una de las claves para la alimentación y la continuidad de "el campo" y del poder de Franco.

5-Subversivos versus represores

A raíz del Cordobazo, la división se concreta con imágenes en que la ruptura adquiere características de una guerra. José Luis Imaz, en "1970: año político" declara que "política subversiva y política represiva están listas para confrontarse"; el gobierno procura "no solo un cambio de vida, sino el cambio total de orientación del pueblo argentino." (*Panorama* No. 40, Ano VII: 30 de diciembre-5 de enero, 1970)

A partir de este año, el teatro también lleva al extremo la división que ya hemos visto insinuada en Cossa y sugerida en el drama de Gambaro. Esto corresponde al momento de mayor polarización de las fuerzas sociales en su lucha contra la dictadura. Numerosos desacuerdos, y medidas legales que afectaban a los obreros metalúrgicos, culminan primero con una huelga y después, el 28 y

29 de mayo de 1969, en el Cordobazo. Lo trabajadores y estudiantes se levantaron masivamente y atacaron principalmente propiedades del gobierno y de las transnacionales. Este estallido demolió el mito del orden y la seguridad que era la principal justificación esgrimida por la dictadura de Onganía para mantenerse en el poder y mostró, a la alta burguesía, que ya no era capaz de controlar el orden a largo plazo. El acuerdo tácito, que todos los sectores habían demostrado en 1966, había quedado atrás.[26]

"Tropas en San Lorenzo, con una consigna: si es necesario, reprimir con todo" (epígrafe original).*Panorama*. Año VII No.12, 1969

"Represión" (epígrafe original). *Panorama*, Año VII N° 16, 1970.

---

[26] Según la encuesta publicada en *Panorama* en septiembre de 1966, a escasos tres meses de la toma de poder, la proyección afirma que solo el 3% de los trabajadores negaría su adhesión a Onganía, el 37% piensa que las Fuerzas Armadas están en mejores condiciones de llevar el país adelante, y el 74% opina que el país saldrá beneficiado. El 82% considera el problema más importante el costo de vida y la vivienda en segundo lugar, con un 52% (No. 40,14-17). Con el establecimiento del plan económico de Krieger Vasena, la mayoría de la población se sintió con toda seguridad disconforme porque aceleró y no disminuyó el costo de vida de la población, sumando a ello, la pérdida de garantías para los trabajadores.

Es curioso sin embargo, notar cómo en el diario *La Nación* del 22 de abril de 1969, ante la emergencia de la actividad guerrillera[27] impulsada además por los últimos acontecimientos de los Estados Unidos y Europa e influida por la aparición del Movimiento de los Sacerdotes del Tercer Mundo y la Teología de la Liberación, el Ministro Borda declara, solo unos días antes del Cordobazo, que la emergencia de la actividad guerrillera no ha cambiado de ninguna manera la imagen de orden y tranquilidad que emana del Gobierno de la "Revolución Argentina", subrayando el esfuerzo del estado autoritario por dar la imagen de perfecto control y orden que no alterados pese a los problemas internos.

El Cordobazo es el tiempo axial de la "Revolución Argentina". A partir de él surge una oposición multiforme y muy activa; se descubre la eficiencia de la violencia política y crece el rol del sector popular. Los movimientos guerrilleros, los líderes sindicales, algunos miembros del aparato estatal y muchos intelectuales empezaron a hablar de una "violencia justa" que defendía una causa superior. El 8 de junio de 1970, Marcelo Levingston se hace cargo del gobierno. Este intento de reorientar la política de la "Revolución Argentina",

---

[27] Hoy hay conciencia de que "...la naturaleza autoritaria del régimen de Onganía debe ser considerada como históricamente responsable del surgimiento de este tipo de conducta política [la guerrilla], que ni el gobierno ni las Fuerzas Armada tuvieron la previsión de esperar" (Ruben M. Perina. Onganía , Levingston, Lanusse). *Los militares en la política argentina*. Ed. De Belgrano, 1983, citado en Anzorena 79). Sin embargo, ya en 1971 en lo que parece una anticipación al advenimiento del Proceso de Reorganización Nacional, hubo intelectuales que temían la llegada de una dictadura "peligrosa", como lo muestran las afirmaciones de Octavio Getino y Fernando Solanas, en la entrevista citada por Anzorena (164), realizada por el grupo de Cine Liberación, titulada "Actualización política y doctrinaria para la toma del poder".

marca el momento en el que se veía acercarse aceleradamente el fin del proyecto del estado de la "Revolución" (O'Donnell 188).

Levingston, al igual que Onganía con la "fase social", anunciaba su deseo de revertir la desnacionalización económica y de promover el capital nacional, especialmente para empresas medias y chicas y proponía la participación de la comunidad a través de la representación de organizaciones de base. Sin embargo, los fallidos, pero insistentes intentos, de al menos disminuir el abismo que separaba a la "Revolución Argentina" de gran parte de la sociedad civil, muestran una escisión demasiado profunda y aparentemente imposible de superar. La revista peronista *Las bases* en "Nacionalismo o liberalismo oligárquico. Dos concepciones de la traición a la patria", en su número del 4 de enero de 1972, remonta esta división al principio de la nación:

> hay dos Argentinas que no se entienden y que vienen desde el pasado en un bordoneo dramático tratando de imponer cada una sus cosmovisiones respectivas. San Martín había advertido y su afirmación, de que una de las dos corrientes algún día tendría que eliminar a la otra, constituye una trágica premonición que descarta toda posibilidad de síntesis. (54)

6-La escena teatral después del Cordobazo

El uso sistemático y a largo plazo de la represión ya no era posible a raíz del Cordobazo. Había ocurrido un cambio en el imaginario que se correspondía con el cambio semántico en los productos culturales que, a la vez, correspondía a un campo fáctico-ideológico: ahora se luchaba ya no por reivindicaciones obreras o reclamos estudiantiles, ahora se luchaba por la liberación. (Anzorena 58) Al respecto *Panorama* proclama la presencia, inevitable en este punto, de la tan temida política cuya presencia va desde los sectores sociales y partidos políticos, pasando por las aulas y la prensa, hasta los pasillos de la propia Casa de Gobierno ("1970: Año político").

Se entiende entonces que el teatro a partir de 1970 se caracterice por ser mucho más explícito. Llama la atención la transparencia de sus metáforas, la presencia de técnicas brechtianas y las alusiones directas a protagonistas de la vida política argentina, muchas veces incluso llamándolos por sus nombres o sobrenombres. Todo lo anterior es coherente con lo que parece haber sido la finalidad primordial de estos espectáculos: unirse a la reactivación de la vida política que después del Cordobazo parecía volver y problematizar la política argentina y a sus protagonistas.

El avión negro, de Roberto Cossa, Germán Rozenmacher, Ricardo Talesnik y Carlos Somigliana, estrenada en el Teatro Regina el 18 de agosto de 1970, formado por dieciocho escenas acompañadas por canciones y golpes del bombo que siguen el ritmo de los estribillos de la cancha de fútbol, se arma sobre el rumor que circulaba entonces de que Perón regresaría del exilio, a bordo de un avión negro. El texto exhibe el contraste entre la alegría y el entusiasmo que tal posibilidad causa en la clase obrera peronista y en las capas sociales menos privilegiadas y el terror y repugnancia por parte de los aristócratas, políticos tradicionales y la alta burguesía, que eran sus recalcitrantes enemigos políticos. El momento en que aparece este espectáculo explica también el espacio en el que se realiza, pues el teatro Regina no era un lugar marginal sino un teatro comercial con todo el aval de la industria (Talesnik, Entrevista).[28]

---

[28]*Confirmado*, en el articulo titulado "El peronismo a escena", hace una descripción que parece tener cierta carga de ironía, del espectáculo y comenta la "ambigüedad a la que se prestaba el teatro Regina, "una sala curiosamente cálida y asép-

Los personajes de este espectáculo "se insertan en una realidad observada por nosotros y por los autores en los distintos estratos de la sociedad argentina" (*Confirmado*, 1971). En el canto de los que vienen de la periferia *El avión negro,* opone el "nosotros" a los "otros": "No queremos a los otros/ ni nos quieren a nosotros", es lo que entonan los que vienen acompañados por el bombo, exacerbando la división y la ruptura del espacio político argentino. El comentario del estreno, publicado en el número 37 de la revista *Talia* establece "el reparo [de que] se hayan exacerbado los puntos cardinales, reduciéndolos a dos 'norte' y 'sur'" y comentaba que "ni social ni mentalmente ello es verdad."(27) Sin embargo parece ser que *El avión negro* no era el único producto cultural de la época que describía la realidad argentina dividida en "norte" y "sur"; más bien parece ser la lógica concretización de lo que la sociedad en general percibía. Al respecto, cabe recordar el párrafo de *Confesiones de un General* (1994), antes transcrito, en donde Lanusse, muchos años después, usa exactamente estas mismas palabras para describir la Argentina del momento.

Para entender esta alianza entre sectores de orientaciones ideológicas tan disimiles—sindicatos, peronismo, sector popular, burguesía local, etc. —la clave podría ser la capacidad organizativa que había demostrado el sector popular, especialmente a través de los sindicatos y el hecho de que, para la burguesía, estas organizaciones no amenazaban en lo fundamental ni a la dominación social ni al capitalismo.

---

tica a la vez, donde los ejecutivos se emocionaron con Walsh y las señoras del Barrio Norte no se sintieron muy inmutadas por los dardos de Nacha y su cancionero de protesta".

La confluencia de todos los sectores opuestos a la dictadura alrededor de la figura de Perón, se debe también a que el discurso de Perón se caracterizaba por la integración política a nivel simbólico; a este respecto, Enrique Dussel en *Praxis latinoamericana y filosofía de la liberación*, realiza un interesante estudio semiótico sobre el discurso de los lideres "populistas" latinoamericanos, de manera especial de Getulio Vargas, Juan Domingo Perón y José María Velasco Ibarra, y muestra cómo en estos discursos, gracias a la ambigüedad, causada por referentes "equívocos", el Estado se presenta como "tribunal de una sociedad conflictiva" que arbitra los opuestos que forman las contradicciones sociales (275). Estos grupos se habían unido alrededor de un reclamo común nucleados por una vulnerabilidad compartida.

El teatro parece haber sido, en el momento más álgido de la oposición, una forma apta de expresar los sentimientos de la comunidad. La revista *Confirmado*, del 3 de julio de 1971, comenta la explosión del teatro político y la interpreta como la tarea "casi legendaria del director de colocar sobre el escenario las fantasías no realizadas de la comunidad" (s/p), tarea que, para entonces, aprovechaba la relativa apertura que había ocurrido a raíz del Cordobazo. Hay que mencionar también la presencia de Augusto Boal, que había sufrido dos meses de cárcel en Brasil el mismo año, y que es un factor que contribuye al auge del teatro político en la Argentina de los setenta cuya influencia en la teoría y la práctica teatral relacionada con lo político, perdura hasta hoy en todo el Cono Sur.

La revista *Visión* del 12 de febrero de 1972 registra como, hacia fines de 1971, "las estadísticas señalaban un nuevo e inesperado record. 1971 había sido el año teatral con mayor cantidad de espectáculos ofrecidos en la Argentina" y comenta que el signo que rigió la temporada de 1971 fue "el significado de la irrupción del teatro político sobre los escenarios de Buenos Aires" (s/p). Si, por una parte, el teatro fue objeto de persecución y censura, por otra parte, si lo comparamos con otras actividades culturales, gozaba de una permisividad relativa. Ella se debía, posiblemente, al alcance relativamente pequeño de sus mensajes si lo comparamos con el área de influencia que ejercen los medios de comunicación masivos como el cine, la televisión, la radio y la música. En *Censura, autoritarismo y cultura: Argentina 1960-1983*, Andrés Avellaneda, observa el mayor peso que aplica la censura contra de todo aquello que pudiera significar la comunicación masiva de idearios políticos o consignas contrarias al régimen militar. Ello incluye también los festivales de música, especialmente de rock que con su propia espectacularidad se consideraba fuertemente contestatario del régimen, puesto que supuestamente personificaba el "desorden" y "las malas costumbres".

Comparemos escenas de antes y después de la constatación de la vulnerabilidad de la dictadura de Onganía que visibiliza el Cordobazo. *El avión negro* afirma, como lo hace *La pata de la sota*, la existencia de un mundo distinto al mundo de "la gente decente"; en los dos textos se percibe el horror que causa a estos sectores medios, emoción que responde a la "atmósfera afectiva" formada por la percepción de la aparición de ese mundo extraño dentro del mundo de la clase media. Sin embargo, hay una gran diferencia entre *La pata de la sota*, producida en 1967 y *El avión negro* en 1970. El primero tiene un tono de melodrama y desconcierto, el segundo es una descarnada parodia de la conducta y los comentarios de los sectores opuestos al peronismo; el primero sugiere ligeramente la existencia de estos dos espacios, el segundo subraya las diferencias presentándolas como absolutos opuestos antagónicos en la realidad político social. Tal diferencia parece deberse al cambio que los procesos sociales y políticos habían traído entre el 67 y el 70: Onganía estaba desprestigiado y los estudiantes, los sectores medios y bajos, los obreros y los intelectuales se habían plegado al peronismo que era la única alternativa viable concreta del momento para resistir al autoritarismo de la dictadura. La situación había variado fundamentalmente desde 1966, año en el que, como vimos, el 66% de los encuestados afirmaban estar de acuerdo con el gobierno de Onganía; en 1970 la opinión pública había variado tanto que la oposición se había vuelto casi unánime.

El campo de Griselda Gambaro ya había denunciado la existencia de una realidad que se ocultaba. Ricardo Monti, en su *Historia tendenciosa de la clase media argentina, de los extraños sucesos en que se vieron envueltos algunos hombres públicos, su completa dilucidación y otras escandalosas revelaciones* denuncia también este aspecto, pero lo hace de modo mucho más explícito. Según reporta *Confirmado* en su edición de septiembre de 1970, los siete meses de improvisaciones y trabajos interminables para preparar el estreno dieron como resultado el espectáculo más polémico del año y que llenó todas las noches la Sala Payró en la que se estrenó el 21 de octubre del mismo año. *Historia tendenciosa de la clase media argentina* es una re-lectura de la historia argentina, a partir de 1945, cuando todavía la "clase media" llevaba una vida "normal". El texto articula la dinámica de las relaciones sociales y sus cambios con los pactos entre distintos sectores de la Argentina, a los que se representa mediante personajes tipo, cuyos nombres señalan de forma transparente su procedencia: Boñiga, representante de la burguesía agraria argentina, pacta con Mr. Hawker el empresario inglés; Pola, la burguesía, pacta sucesivamente y según su conveniencia con el "Peludo"—Hipólito Irigoyen— líder radical y con los empresarios extranjeros, Mr. Hawker, y con Mr. Peag, de ciudadanía inglesa y norteamericana con los cuales negocia, respectivamente. Aparecen también en este escenario de la historia argentina, el obrero como un animal enjaulado y casi invisible en la escena, la parodia del discurso de los militares, la familia tradicional de clase media que aspira al ascenso social y Perón y el Almirante Rojas cuyas voces se escuchan a través de la radio. Al final, aparece Lanusse con el "Gran Acuerdo Nacional". Sigue una escena de circo cuyos "artistas" son Pola y los industriales Nicanor y Anselmo. Se denuncia la historia argentina como una gran "bufonada". Al final los actores, que se niegan a retirarse, dirigen preguntas al auditorio. Esto último con la consigna clara de despertar la discusión política y la movilización del público.

Como ya lo mencionamos, al igual que en *El campo*, en *Historia* se denuncia la existencia de una realidad invisible oculta, pero en esta última, se agrega la conciencia de tal ocultamiento que ahora es voluntario. Se reconoce que hay dos "parte[s] de la realidad", una visible y una invisible. Esta conciencia, que aparece en el texto mismo, se ratifica tanto en el comentario de la puesta, como con las declaraciones de Monti que incluye *Confirmado*, en el número del 2 de noviembre de 1971 en la sección "Teatro", firmada por E.E.E. Según este comentario: "[t]odo está concebido como un espectáculo circense, que implica la realidad en la irrealidad, en la artificiosidad. Monti parece querer decir que la realidad cotidiana ya no nos da la realidad. Y hay que distorsionarla para encontrarla verdaderamente". La negación de la realidad es evidente en el parlamento de El Teatro, narrador brechtiano del texto que dice: "... Ah, me olvidaba, detrás del escenario se desarrolla otro drama. Pero no presten atención. Se trata de una parte de la realidad que preferimos que quede oculta..." (35).[29]

---

[29] En la sección "Correspondencia" del número 215 de *Panorama*, de junio de 1971, en una de las cartas firmada por Juan Pablo Munzio se describe la necesidad de ocultar una parte de la Argentina que tiene que permanecer invisible. Munzio dice que frente al "hotel del futuro", el Sheraton, situado frente a Retiro, se va a tener que construir un muro con un "techo colosal" a fin de evitar que "los turistas [tengan] la linda visión de las villas miseria de Retiro" (1) Evidentemente estaba presente en el imaginario argentino esta "Argentina" que había que esconder y/ o separar. Me resulta muy difícil reprimir la obvia conexión que surge entre la negación de la existencia de este espacio "oscuro" y la pobreza y el des-

Otro espectáculo tan transparente como el anterior respecto del ocultamiento de la realidad, es *Ceremonia al pie del obelisco* de Walter Operto, estrenada en el Teatro Planeta el 1° de julio de 1971, y descrita en el número 39 de *Talia* del mismo año, como "una labor de equipo muy bien lograda, que ejecuta un ritual violento y acusador [en el que] se advierte el empeño por captar pantallazos muy concisos de una realidad que nos es propia..." (42). *Ceremonia* es un recuento de la situación política del país y de las diversas opciones de salida, violentas o no, vistas a la luz de la historia argentina de los años anteriores. En *Ceremonia* se suceden eventos históricos específicos: el fraude de Roberto Marcelino Ortiz y el discurso de Levingston después del Cordobazo, en el que sus oponentes son la "serpiente" cuya cabeza va a cortar "de un solo tajo" y el pedido de armas por parte del pueblo al Presidente (¿Perón?) para defenderlo. Después de representar la matanza del 16 de junio de 1955[30], los actores resucitan convertidos en "gorilas"—nombre popular con el que se conocen los enemigos del peronismo—que torturan y crucifican a Juan Fuerte. Se alude, además, al fracaso de la "Revolución Libertadora" que termina con el gobierno de Perón en septiembre de 1955. Finalmente, el texto se ubica en su contemporaneidad y se refiere explícitamente al proyecto de Lanusse para la democracia, el "Gran Acuerdo Nacional" de 1971. Por otra parte, el título de *Ceremonia al pie del obelisco* parece ser una alusión irónica a las ceremonias

---

cuido que aparece en la superficie con ocasión de la pandemia del Covid-19, situación que en la actualidad sigue sufriendo la Villa 31. Estos espacios y sus pobladores, antes negados, ahora siguen marginados del cuidado y el presupuesto del Estado, ahora sale a la luz que ni siquiera tienen agua para lavarse y protegerse del virus.

[30] La masacre de la Plaza de Mayo fue el bombardeo y ametrallamiento a la gente que circulaba pacíficamente en ese momento en la plaza. El fin era realizar un golpe de estado contra Juan Perón, que fracasó. El resultado fue que murieron más de trescientas personas y más de setecientas resultaron heridas.

nacionales que se llevan a cabo en las fechas patrias al pie del Obelisco, el monumento a la nación, en cuanto deconstruye, con su dibujo paródico, la historia oficial argentina

La dramaturgia de Walter Operto también concreta en la escena la ruptura; lo hace mediante metáforas que hablan de la existencia de dos mundos diversos, claramente diferenciados, incompatibles y contrarios. En ella existen "el mundo de aquí" y "el mundo de allá", separados por "muros que oprimen", que demarcan la frontera y trazan, metafóricamente, la incomunicación de los dos mundos:

> Ellos están ahí, porque eligieron estar allí, porque les gusta, porque les causa placer. Ninguno de nosotros en cambio, está aquí por su propia voluntad. Ellos hicieron que estemos aquí, para poder seguir estando allí... ¿Para qué creen que están estos muros? (45)

La imagen de la Argentina escindida que se elabora en la pieza de Operto es cercana a la de Tosco. La metáfora de los dos mundos separados por "muros que oprimen" nos recuerda el "encierro" del que había hablado el líder sindical. Al mismo tiempo, señalan la imposibilidad de amalgamar estos dos mundos: no es posible juntar el "aquí" con el "allá" y menos aún si en el medio se han edificado muros separadores cuya función es oprimir para controlar.

Operto en su dramaturgia pone énfasis en el aspecto forzado e injusto de este "encierro" dentro de estos muros opresores; en este aspecto se acerca a las expresiones de Tosco, que lee que esta división y su ocultamiento no es sino el costo que hay que pagar para que los "otros", los que están "allá", sigan estando "allá". Aparece la imagen de un sector de la Argentina viviendo a costa de la "opresión" y el "encierro" del otro sector[31].

El discurso político del gobierno ya se había visto obligado a reconocer –tal como Lanusse lo hizo en su informe a Onganía— que lo sucedido en Córdoba "lejos de ser obra exclusiva de la subversión... fue la población de Córdoba en forma activa y pasiva, la que demostró que estaba en contra del Gobierno Nacional en general y del Gobierno Provincial en particular" (Anzorena 65). A partir del gobierno de Levingston, el control del Estado disminuye, esto se hace evidente por la frecuencia de la activación de las huelgas, la guerrilla, las ocupaciones fabriles, la toma de rehenes y los levantamientos urbanos.

Recordemos que, desde Onganía, al principio mismo del gobierno de "La Revolución Argentina" se había afirmado en el discurso la búsqueda de la unidad. Ahora se la consigue finalmente, pero desde el arco político opositor, pues la "Revolución de junio de 1966 había logrado lo contrario de lo que se proponía: unir a peronistas y antiperonistas en un frente de izquierda" (*Panorama* 182, octubre 1970: 16). Uno de los entrevistados por Tomas Eloy Martínez explica cómo se logra tal unión:

---

[31] Esta denuncia obedece a una realidad que con el pasar de los años se ha hecho aún más radical. La diferencia entre los que más tienen y los otros es ahora mayor. "De acuerdo con el organismo estadístico oficial, el 10% más pobre de la población tiene ingresos que representan al 1,5% del total. En contraste, los ingresos del 10% más rico equivalen al 32,8 por ciento". El artículo se ilustra con una foto de la Villa 31, a la que el párrafo se refiere, separada de la gran ciudad por la avenida. https://www.tiempoar.com.ar/nota/la-argentina-un-pais-donde-se-acentua-la-desigualdad-social

Esta lucha y su desarrollo ha dado las condiciones primero para un acercamiento y después para un estrechamiento de los lazos entre las distintas organizaciones revolucionarias... esto ha sido un hito de la tendencia hacia la unificación de las organizaciones armadas... [en ello) jugó un papel importante la convivencia en los penales de compañeros de distintas organizaciones, lo que ha permitido un conocimiento más amplio, una comprensión mayor de la unidad de objetivos y el comienzo de una discusión política más rica. (Martínez 214)

La unidad no era solamente de los trabajadores. En 1968 por primera vez, desde el surgimiento del peronismo, los estudiantes se movilizan junto con los obreros. Esto es solo un síntoma. Tal como Anzorena anota, "paralelamente a la desargentinización de la economía, de la mano de Krieger Vasena, se inicia un proceso de nacionalización o peronización de sectores medios que comienza a exteriorizarse en el estudiantado (42). La adhesión al peronismo proscrito era ya en sí un "hecho de resistencia" (74).

El colapso de los muros de exclusión del Estado burocrático autoritario deja los bastiones de la sociedad expuestos al asalto final de una oposición radicalizada y multitudinaria (O'Donnell 230), con el paso de un reclamo de reivindicaciones a un plan de lucha. En la producción cultural el cambio se concreta en la aparición de las imágenes del cuerpo como veremos en la Segunda Parte. Los rasgos de la Poética que surge corresponden a lo que ha sido un cambio de escenario radical en el panorama socio-político argentino. A la luz de estos discursos líricos, teatrales y políticos, leídos conjuntamente, parece tornarse evidente lo que hasta aquí podía haber permanecido invisibilizado.

II. APARIENCIA" Y "REALIDAD": LA CONSTRUCCIÓN DE LA IDENTIDAD NACIONAL

> Los argentinos somos caballeros andantes
>
> ... muy acorazados pero descalzos...
>
> Vivimos abrumados por imágenes
>
> del pasado fuera de la realidad".
>
> Geno (*Panorama* No.41-10/66).

La idea de una apariencia que esconde una realidad más profunda y que sólo algunos pueden alcanzar es otra de las imágenes que caracterizan los discursos culturales producidos durante la "Revolución Argentina" y que remite a posiciones ideológicas que pretenden invisibilizar y ocultar aspectos de la realidad del momento. El número aniversario (112) de la revista *Panorama* correspondiente a la semana del 24 al 30 de junio de 1969, hace una revisión de lo sucedido en el año, en su artículo "Relevos y expectativas". En la sección titulada "Paz aparente: violencia encubierta" afirma que "nunca como entonces, pareció que la paz se enseñoreaba del país. Todo lo que pasaba por debajo de la apariencia, no era visto sino por los analistas y los pesimistas..." y agrega "La Navidad volvió a la realidad a algunos, por poco tiempo". Esta vuelta a la realidad consiste, según este artículo, en la serie de protestas que distintos sectores de la sociedad realizaron en esa fecha, motivadas o por las medidas económicas o por la censura gubernamental. De igual manera, en septiembre de 1970 (Nº 178), la misma fuente dice, en el artículo titulado "Cuando se cruzan el poder, la gloria y el avión negro", que "hoy en la Argentina, la fantasía se ha transformado en un arma de doble filo; brota como el equivalente de la imprudencia, porque se abusa de ella para agilizar la acción psicológica que, por lo general, se vuelve contra los imaginativos". Luego de lo cual se citan las fantasías que cual "ola de especies engañosas" circulaban por Buenos Aires. Por ejemplo, el "operativo heroico" llamado "jaula dorada" que esperaría a Perón en el aeropuerto para llevarlo hasta la casa de Gobierno, protegido de los gorilas. (10-11)

También la revista *Siete días* en la sección "Teatro argentino" (6/70), remarca este afán de distorsionar la realidad que, en este caso, se refiere al mundo teatral: "A Buenos Aires le gusta anestesiarse con la ilusión de constituir el cuarto centro teatral del mundo, pero la realidad es más compleja y menos gloriosa". Esta afirmación se ve generalizada cuando en "Lugares comunes" se afirma que "la confusión más esterilizadora es la negación de la realidad de país no desarrollado que caracteriza a la Argentina". La realidad que no se acepta es justamente la dependencia económica que es, según las declaraciones de Jean Vilar, el creador del Teatro Nacional Popular Francés, en su conversación con *Siete días*, la causa de que la Argentina se vea dividida en dos realidades diferentes: Buenos Aires que se esfuerza por competir con el teatro europeo y una "realidad nacional que puja y que nada tiene que ver con el aparente florecimiento de la capital" (62-3).

En los discursos culturales de la época, la discusión sobre la "realidad" y la "apariencia" es continua. Sin embargo, por sobre todos los desacuerdos surge la coincidencia general: cualquiera que sea "la realidad" que marcan los diversos discursos, se identifica ese como el espacio de la verdadera argentinidad; la "ficción" o la "apariencia" en cambio, no corresponde a la Argentina y es el mal que afecta al país.

1- Realidad y ficción en el discurso político

Empecemos por el discurso de Juan Carlos Onganía que, al día siguiente de tomar el poder, el 29 de junio de 1966, había descrito la Argentina como un mundo alterado en su esencia. Según él, "el país estaba disminuido espiritual y físicamente" y "ha[bía] estado en peligro de ser infiel a su historia y de traicionar su porvenir" (1:8). Esta "infidelidad" era una desviación de lo que debía ser la verdadera realidad argentina; este desvío se debía a la existencia de "anomalías", entre cuyas causas estaba la existencia de "una inmigración clandestina con aptitudes morales, intelectuales y físicas inferiores a las aceptables y que termina por concentrarse alrededor de las ciudades" (Villas de Emergencia) (5: 10). Según la perspectiva del discurso dictatorial las "villas miseria" eran el lugar donde se concentraban "las prostitutas, los punguistas, los desertores del servicio militar, los fugados del presidio y los delincuentes con captura recomendada", tal como lo afirma el coronel Ulises Mario Muschietti, coordinador de planes especiales del Ministerio de Bienestar Social, a cargo de la erradicación de las "villas de emergencia"[32]. Esta afirmación no parece ser del todo verdadera, pues en algunos medios se reconoce que " un gran porcentaje de sus habitantes estaba compuesto por hombres y mujeres ansiosos de integrarse a la sociedad..." ("Villas marginales" *Panorama*, N° 128 de octubre 1969: 14).

Además de la inmigración, la otra causa de las anomalías era, según Onganía,

---

[32] El proyecto de la erradicación de las villas miseria perseguía terminar con esta "lacra" intentando la incorporación de estos sectores sociales a la sociedad, pero los prejuicios, la falta de recursos y el desconocimiento del problema no hacían nada fácil tal empresa (ibid).

[la] infiltración ideológica que carcom[ía] las raíces profundas del ser nacional, alterando sustancialmente la esencia de nuestro sistema de vida tradicional y cristiano y que se manifiesta, con particular virulencia, en determinados ámbitos culturales y laborales. (Onganía, 5:9)

Onganía afirma que esta distorsión, entendida como una invasión ideológica que ha traspasado las fronteras de la nacionalidad, da a la Argentina una "apariencia ficticia". En ella, estos seres inferiores, infrahumanos y anormales, "fuerzas extrañas" que habitan el mundo periférico nacional, y que no son los verdaderos ciudadanos de la Argentina, han atacado al "ser nacional", invadido e infectado el mundo "real", "esencial" y "tradicional" argentino. Para Onganía, la verdadera argentinidad consistía en una ecuación en donde tradición más cristianismo era igual a la "esencia" del "ser argentino. Por tanto, estos seres "inferiores", "invasores" atentaban contra tal esencia pues no correspondían a la conceptualización de la argentinidad propuesta por el dictador: no eran, según él, ni cristianos ni occidentales.

Onganía, que en su discurso se proclama dueño del Logos y del Poder, percibe su gobierno como localizado en la "realidad", perspectiva que, según él, le permite distinguir entre la verdadera esencia de la argentinidad y la apariencia ficticia, formada, al menos en parte, según hemos visto, tanto por las "villas miseria" como por aquellos que sostienen pensamientos ajenos a la tradición y que viven en un espacio que no corresponde a la "verdadera Argentina"; todos ellos, por tanto, no son argentinos. Con esta mirada privilegiada que le permite distinguir la "realidad" de la ficción" Onganía sostiene el "convencimiento" de que "no podíamos seguir viviendo en medio de la ficción y el desprestigio" y que por eso su gobierno buscará caracterizarse por la "autenticidad", seguro de darles a estos problemas "el remedio adecuado" (l: 10.).

Por otra parte, si como hemos visto previamente, el gobierno de la "Revolución Argentina" se ha ubicado en la ciudad moderna y luminosa y se ha autodefinido como la autenticidad, es posible inferir que esos agentes que, según Onganía "carcomen el ser nacional", lo opuesto a la argentinidad, invasores de la esencia nacional, son aquellos que se ubican en las "sombras". Estos seres extraños, se identifican con los más radicales opositores al gobierno de Onganía: los seguidores del sindicalismo clasista extremo y los católicos de izquierda con una ideología marcada por el discurso de la Filosofía y la Teología de la Liberación.

Desde una mirada histórica más amplia y retrocediendo un poco en la historia reciente, se entiende mejor la afirmación del discurso dictatorial acerca de estas "fuerzas extrañas" invasoras ideológicas; estos "seres infrahumanos" que habitan en la periferia, eran los sectores que bajo la dirigencia sindicalista o peronista de izquierda, presentaban las mayores dificultades a los planes políticos y económicos del gobierno de la "Revolución Argentina"; ellos eran los que estaban constantemente exigiendo que se conserven las "conquistas" que ellos habían logrado bajo administraciones anteriores, especialmente bajo el gobierno peronista.

El artículo "Villas marginales", arriba citado precisa la naturaleza de lo que Onganía percibe como el peligro para el "ser nacional" tradicional. Según esta fuente,

> La guerrilla urbana constituye un riesgo mayor que la montonera. Un millón de habitantes en villas miseria, un clima social en constante tensión y la inquietud estudiantil son elementos básicos para su desenvolvimiento". (40)

De acuerdo con la percepción del momento y considerando la encrucijada histórica por la que pasaba América Latina, si bien el comunismo foráneo y sus eventuales aliados se podían ver como una amenaza, la verdadera amenaza se constituía, según la fuente citada, por las fuerzas sociales que alimentaban los grupos que exigían cambios radicales de estructuras y cuyo último origen era la miseria, la tensión política y las aspiraciones de los estudiantes y trabajadores.

La discusión planteada en el discurso de Onganía encuentra respuesta inmediata no sólo en los discursos políticos de la oposición a la dictadura de la "Revolución Argentina", sino también en el teatro y en la canción popular.

Empecemos por los discursos emitidos desde el espacio de la política. Los discursos que se ubican claramente en la resistencia cultural toman la metáfora del discurso de Onganía del "ser" como la auténtica nacionalidad y del no-ser como sólo su apariencia, y discuten el locus de la verdadera Argentina y de la argentinidad. La tensión y el desacuerdo aparece en la inversión de referentes y espacios correspondientes a las categorías de "realidad" y "apariencia". En oposición al discurso de Onganía, los discursos opositores alinean la realidad y la verdad con todo aquello que se representa como lo subterráneo, el sub-mundo o la periferia. Es decir, la "realidad" es para estos discursos lo que para Onganía era falsa "apariencia" o "ficción".

Detengámonos en primer lugar en el discurso de la Teología de la Liberación que, desde la perspectiva del Estado de la "Revolución Argentina" es tal vez el más amenazante, pues implica, además de la atracción que el catolicismo tenía en la juventud de los sectores medios radicalizados, un desafío a las relaciones de dominación. En el caso concreto de Carlos Mugica, esto es evidente, pues su actuación aparecía como contestataria a los modelos que, con más o menos reformismo, confirmaban la reproducción de las relaciones sociales en la sociedad capitalista de la Argentina.

Mugica, y muchos de los cristianos radicalizados, pertenecían a la clase social alta o media y por ello, sus vínculos con los habitantes de las villas miserias aparecían como impropias: eran formas inusuales de relaciones interpersonales entre elementos socialmente "desiguales" que cuestionaban los patrones de autoridad de la Iglesia y de la sociedad argentinas. Es por esto que, desde el discurso autoritario y desde los grupos interesados en mantener la hegemonía y la estructura de clases del momento, sus acciones constituyen "desorden", "rebelión" y "subversión". El enorme impacto que tiene este cristianismo de izquierda explica la fuerte resonancia de las metáforas cristianas, originadas en la Teología de la Liberación, en un gran número de los productos culturales de la época no necesariamente cristianos, incluso en los del sindicalismo clasista como es, por ejemplo, el caso de Agustín Tosco.

Carlos Mugica cuenta su transformación al sufrir lo que aparece como un ritual de iniciación, en el que luego del descenso a una realidad desconocida y "oscura" (la Villa Miseria), alcanza la anagnórisis: el descubrimiento repentino de la "otra" Argentina, la Argentina "real":

> Fue un encuentro decisivo... Mi mundo era un mundo homogéneo y sin conflictos... Eran los días finales del gobierno peronista... En el Barrio Norte se echaron a vuelo las campanas y yo participé del júbilo orgiástico de la oligarquía por la caída de Perón. Una noche fui al conventillo como de costumbre. Tenía que atravesar un callejón medio a oscuras y de pronto, bajo la luz muy tenue de la única bombita, vi escrito, con tiza y en letras bien grandes: "Sin Perón, no hay Patria ni Dios. Abajo los cuervos"... para mí lo que vi escrito fue un golpe: esa noche fue el [otro] momento decisivo de mi vida. (68)

El mundo triste que Mugica "descubre" en la penumbra de la Villa, es para él, la verdadera realidad: un mundo opaco, donde reina la desesperanza, y en el que la gente está "aplastada". El descenso a esta realidad le da a Mugica una mirada distinta que le permite el reconocimiento de esta nueva y "verdadera" Argentina, formada por las "Villas Miseria", higiénicamente bautizadas "Villas de Emergencia" (Mugica 10). Descubre además que la homogeneidad que avistaba desde su mundo era falsa.

Mugica dice descubrir la "verdad", "el ser" y "la realidad" en las "tinieblas" de la villa; descubrir también que la superficie es solamente apariencia, engaño, "reflejo" falso, que distorsiona la "realidad"; el sacerdote ha llegado a la "realidad-verdad" luego de la transformación ritual profunda sufrida al atravesar un "callejón... a oscuras".

"Villas miseria: un rostro del país que no alcanza la plenitud de su desarrollo" (epígrafe original). *Panorama*, Año VII N° 12, 1969.

Cuando Mugica emerge de este mundo subterráneo al mundo de la superficie, que hasta ahora él no había problematizado, descubre una realidad que había permanecido invisible para él. El descenso al "subconsciente de Buenos Aires", le ha revelado una verdad oculta. Este mundo, que literalmente vive en las sombras, ubicado en la periferia y bajo la superficie del Buenos Aires "moderno", almacena lo que en la superficie se niega y se reprime, aquello que no es posible ver y se oculta desde la "apariencia" homogénea de la superficie. La revelación de una realidad que Mugica no había percibido antes, es la causa de un cambio profundo y traumático; pero la irrupción de la verdad que ahora ha descubierto le produce la alegría del renacimiento a una nueva vida, pues él afirma haber encontrado la "real Argentina".

El "momento decisivo", en que cruza el límite que separa esta "realidad" de la "apariencia" no es, para Mugica, sólo un acto político; es también un acto metafísico, en el que se produce un cambio ontológico y gnoseológico. Es en el paso a esta otra realidad donde Mugica, súbitamente, adquiere otra mirada y la capacidad para captar y reconocer lo que para él constituye ahora la Argentina (172). Este mundo "real" se revela, para Mugica, como el mundo del "ser", opuesto al del "tener", propio del Buenos Aires homogéneo del Barrio Norte y de la Argentina luminosa de Onganía, donde nada falta. Este Buenos Aires moderno, esta sociedad "desarrollista", es según Mugica, irreal; no es "espejo" que refleje la realidad argentina. La ruptura es además epistemológica: Mugica rechaza también la racionalidad, la cientificidad y la legalidad del mundo de la superficie (140). Todo aquello que norma la superficie es, a los ojos de Mugica, también falso: sus valores, sus leyes, sus códigos sociales y su sistema económico. El verdadero argentino es, para el sacerdote, el que vive en el espacio de la "real" de la argentina: aquel submundo no visible desde la superficie, donde dice encontrar "el ser". El verdadero argentino vive en las comunidades formadas en la villa miseria, donde las relaciones sociales se estructuran fundamentalmente por la comunicación y no por las relaciones de consumo y propiedad. Describe al habitante del Buenos Aires "moderno" como un "hombre alienado, inhumano": el "hombre consumidor", que defiende el "tener" por sobre el "ser" (156). Los seres "inhumanos" que ocupan los espacios luminosos de la modernidad no pueden ser, para Mugica, los verdaderos argentinos.

Una visión paralela, aunque descrita con distintas imágenes metafóricas, encontramos en el discurso de Agustín Tosco, dirigente sindical del gremio Luz y Fuerza, de ideología marxista, miembro de la CGT (Confederación General del Trabajo) y uno de los principales actores de El Cordobazo. La Argentina es para él un monstruo bifronte, con dos caras. Una de estas caras "pobre y enferma" padece de "injusticia" y de "miseria". Estas enfermedades le han dejado "lacras" sociales indelebles que son las villas miseria (179-180). En ellas apenas se sobrevive en condiciones "inhumanas", en un "abismo de negras necesidades". La otra cara, insensible a los sufrimientos de su contraparte, está formada por "una minoría que vive en la holganza, sentada sobre una montaña de privilegios, de poder y de placeres" (155). La Argentina formada por los "islotes de la modernidad" que no son "espejo de nuestro pueblo" (113), es sólo apariencia, ficción, un "espejismo", una irrealidad que deforma el país (Ibid).

El discurso de Tosco revela la misma percepción que se nos revela en el discurso de Mugica. La realidad argentina, la verdadera, es aquélla que está enterrada en un "abismo" y sobre la cual está asentado aquel "espejismo", la ciudad moderna, ilusión que aparece ante nuestra vista y que, como tal, es sólo apariencia.

El mundo subterráneo, oscuro, situado bajo la ciudad luminosa reaparece también en el discurso de Perón. Según él existe una "Argentina oculta", una realidad diferente que "no [ha sido] interpretada". Esta es la "Argentina más auténtica y menos contaminada ideológicamente", es el "país real" y por ello, el locus de la verdadera nacionalidad (3: 1 07-108). Aunque tanto Onganía como Perón hablan de una "contaminación ideológica", lo que se entiende por ella en cada uno de estos discursos es completamente diferente. Según Perón, la "contaminación ideológica" que había mencionado Onganía, afectaba primordialmente a los espacios que no correspondían a la "Argentina oculta", sino que estaba presente en la Argentina luminosa y visible, en la ciudad moderna. Para Perón, la "contaminación ideológica" proviene de la doctrina económica liberal abierta a las inversiones extranjeras, mientras en el caso de Onganía consiste en las propuestas socialistas de los sectores más radicalizados de la oposición a la "Revolución Argentina", es decir a aquellos que proponen modelos culturales de desarrollo opuestos al modelo económico liberal de mercado.

2-La ficción de la realidad en el teatro

La escena teatral sugiere también la presencia de esta tensión en las diferentes versiones de lo que se considera "la realidad" y su diferencia con "la ficción" o la "apariencia" pero, en sentido paralelamente inverso a lo visto en la evolución del discurso dictatorial, las versiones se radicalizan y se hacen más explícitas en un desarrollo estético que sugiere una estrecha conexión con los acontecimientos históricos.

A partir de 1970, con el cambio de imaginario que ha obrado la explosión social de El Cordobazo, las imágenes se hacen mucho más fuertes; este cambio coincide una vez más con la modificación de las condiciones políticas contextuales. Veamos cómo evoluciona la presencia en los escenarios de esta escisión entre realidad y apariencia, superficie y subterráneo.

En *La pata de la sota* (Cossa) y en *El campo* (Gambaro) si bien la preocupación por la pregunta sobre la "realidad" en la Argentina de los sesenta está presente, ninguno de los dos textos presenta las dos categorías como enfrentadas; esto parece deberse a que sus personajes principales se encuentran atrapados entre esos dos mundos. José, el padre de *La pata de la sota*, se encuentra atrapado entre la "ilusión", aquello que creyó como solución para el país: "la ficción" de la Revolución Libertadora del 55, soñada como la salida a la situación histórica argentina que, al decepcionarlo, le hace dudar de su valoración de la realidad del país. Al final del drama José reconoce explícitamente no poder decidir ante una situación que no entiende: "... ¿En qué me equivoqué yo Clemen? ...por más que le doy vueltas no me lo explico...". La pregunta apunta a la médula misma de la discusión, la oposición realidad versus ficción. ¿Fueron los ideales de la "Revolución Libertadora" sólo una "ficción" en la que José creyó?[33] José fracasa, según el comentario de Pellettieri hecho en el "Estudio preliminar" al drama, porque vivió un "sistema de vida... una manera de pensar y de sentir vencida por el tiempo, desvinculada de la realidad concreta" (32), es decir vivió una ficción. El drama de Roberto Cosssa ha invertido el espacio asignado para la "realidad" y la "ficción" que ahora se coloca en el espacio de la clase media.

En *El campo*, Emma está atrapada entre lo que quiere creer y lo que realmente le sucede; entre lo que es visible del mundo de Franco y lo que solo escucha por una ventana a la cual no se le permite asomarse; duda entre su cuerpo llagado y su cabeza rapada, y la afirmación de que es una bella y joven concertista; duda, al percibir el dolor de las torturas a que la somete Franco y la afirmación de este personaje que dice curarla contradiciendo lo que vive en su propio cuerpo y que nosotros vemos en la escena. Allí, frente a ella,

---

[33] Nótese que el punto de partida de la reflexión coincide temporalmente con el momento inicial de la transformación ideológica de Mugica.

está esa duplicidad entre "realidad" y "la apariencia", pero Emma no decide, juega con las dos, tratando de hacerlas compatibles, forzando que la ficción entre de alguna manera en la realidad y viceversa. Por ello pretende tocar el piano, enamorar a Martín y se esfuerza en creer que Franco la quiere.

El campo, al presentar simultáneamente la "realidad" y la "apariencia", explicita el absurdo de la coexistencia de las dos categorías a través de las técnicas del grotesco que se despliegan en el escenario teatral: una gestualidad que desmiente las palabras. Parece ser la necesidad de Emma de protegerse lo que la lleva a engañarse a sí misma, mezclando realidad y fantasía y marcando así su camino sin salida.[34]

La ideología de amplios sectores agroexportadores de la sociedad argentina y de la burguesía nacional era explícitamente opuesta a la visión de tutelaje tan obviamente presente en el discurso de Onganía pues ellos "no querían hundirse en la ideología paternalista" (O'Donnell 61).En el teatro político de los 70', la desvalorización del espacio propio del padre y de su autoridad parece expresar la posición de estos sectores; además, la escena teatral esgrimía una teatralidad que planteaba la discusión directa con el tono paternal del discurso de Onganía para discutir su capacidad para dirigir al país y ser, como había planteado, el *locus* de la inteligencia y el espíritu.

---

[34] *Primera Plana* en el número del 10 de agosto de 1968, narra la gestación de esta obra: "La chica entró al campo de concentración, pero no vio ninguno de los horrores: ni cámaras de tortura, ni perros feroces, ni hornos crematorios. ni montañas de pelo y prótesis dentales. Sin embargo, sabía que todo estaba allí, a pesar de las sonrisas de los guardianes y de las buenas maneras de los capos que la atendían... La protagonista de la pesadilla era Griselda Gambaro y el relato. luego de dos meses de maceración comenzó a transformarse en una pieza de teatro..."

Hablemos a calzón quitado de Guillermo Gentile, estrenada en el Teatro Payró, el 8 de junio de 1970, elabora la duplicidad entre apariencia y realidad y, como ya dijimos, la estructura paralelamente, pero en sentido contrario a la propuesta por el discurso paternalista de Onganía. Mientras el dictador afirma tener la verdad y vivir en el espacio de la "realidad", el padre de *Hablemos* vive en una "ficción", "su problema de imagen [es] querer verse lindo (79). [El padre busca] un espejo más indulgente, una imagen más aceptable... Espejos que le digan que [es] lindo... Imágenes que le nublen su miseria" (40).

El padre de *Hablemos* busca voluntariamente una representación falsa, su deseo es mirarse en un espejo que, en lugar de reflejar la realidad, la disfrace. Las siguientes acotaciones de *Hablemos* subrayan que la imagen falsa que el padre quiere ver reflejada en el espejo no corresponde a la realidad y que la imagen que de sí mismo construye es ficticia: *Entra el padre vestido de mujer y con una peluca. Se mira en el espejo y murmura: Tengo que cambiar absolutamente este espejo ... Cada día me hace ver más vieja ... (Por el espejo) Tengo que cambiarlo... (6 4 -8)*[35]

Y la realidad bajo esa apariencia falsa sólo es descubierta por su hijo "el nene" Juan, cuando"... abre los ojos y mira por primera vez la real imagen de su padre" (74). Para alcanzar lo que se oculta, tras la apariencia del disfraz paterno, Juan ha tenido que sufrir una transformación que, en términos metafóricos es similar a la de Mu-

---

[35] Tendencia que, por otra parte, parece estar bastante generalizada y no corresponder únicamente a la retórica política y teatral: "... nos pasa lo que nos pasa por las imágenes deformadas a las que respondemos en todos los órdenes... opina Egle Martín (show-woman) en "Lo bueno y lo malo... (*Panorama* 41, octubre 1966 s/n).

gica; ha "cortado el cordón umbilical" para lograr descubrir la ficción engañosa del Padre y verlo en toda su dimensión real.

Chau papá de Alberto Adellach, que se estrenó en el Teatro Payró, el 2 de julio de 1971, dirigida por Jorge López Vidal, también descubre una realidad distinta escondida tras las apariencias engañosas. La propuesta transcurre en el espacio del padre, prominente hombre público que ha ocupado cargos de importancia política indiscutible, y que se encuentra gravemente enfermo. Los hijos fieles, que viven con él son seres inútiles, incapaces de salvarlo. El drama termina con la muerte del Padre y una escena de incesto entre los hijos fieles al Padre, aquellos que aparecen como el modelo de ciudadanos.

En el número 36 de la revista *Talía*, se acusa a *Chau papá* de ser sólo "un teatro rebelde pasatista", que más allá de su intencionalidad no agrega nada, pues "se mantiene reiterando juegos escénicos" (43). Sin embargo, cuando el texto se contextualiza colocándolo como parte del enjambre que forman los discursos del momento, se descubren en él significados y valores que, en el momento, eran puestos en duda desde la perspectiva exclusiva de un criterio "estético teatral".

Chau papá al igual que *Hablemos a calzón quitado* ubican la acción en la casa del Padre autoritario y, al mismo tiempo, problematizan el referente de las categorías de "realidad" y "apariencia" tal como había propuesto el discurso de la dictadura; junto a ello, desmienten también la capacidad del Padre para diferenciarlas. En *Chau papá* el espacio de la casa del Padre es un espacio oscuro, polvoriento, donde reina la confusión y no existe la comunicación. "Papá" es un ser sin vida, "... es una quieta figura humana, o un muñeco, o un bulto, o nada... Todo muy gris y desabrido, rodeado por un halo de penumbra" (91). ¿No es ésta una referencia casi explícita, a las afirmaciones que había hecho Onganía en las que, además de definir su espacio como aquel en el que dominaba la "luz", había declarado ser capaz de "poner orden en su propia casa" y de no estar guiado por "otros intereses que los nobles y sagrados de la Patria"? (8: 25). Y este Padre, político notable según el texto, que ahora es la "nada" y está rodeado de un aire espeso, opaco e irrespirable, ¿no podría ser la contra-imagen del discurso de Onganía según el cual él se ubica en el espacio del "ser" y de la "realidad" en contraposición a la ficción y la apariencia?

Chau papá y *Hablemos a calzón quitado* muestran que el "orden", la "limpieza", el "horario", que aparecen según el discurso del padre como índices de "normalidad", son meras apariencias que ocultan más que revelan y ordenan. Los dos dramas nos invitan a entrar a la casa del Padre y observar que, en verdad, es el desorden y la descomposición física y psíquica lo que define el espacio en el que se encuentra el mundo del padre. Bajo la apariencia del honor, la fortaleza y el poder político, se esconde una realidad que sólo es desintegración y humanidad devaluada. Los habitantes de la casa del padre han perdido incluso el lenguaje.

El contraste entre apariencia y realidad se ha extendido ahora al centro, al mundo donde habita el Padre-representante del orden. En *Hablemos a calzón quitado*, el disfraz del padre -que sale las noches vestido de mujer a matar taxistas- es la máscara teatral que desde el mundo ficticio--la escena y la dictadura, espacios del padre--denuncia su falsedad y negatividad. Más aún, *Chau papá* sugiere que la putrefacción, la deshumanización y la muerte del padre existen realmente por debajo de las apariencias de fortaleza, poder y rectitud.

En contraste con lo anterior veamos cómo la "música complaciente" o música de "reacción" llamaba a no preocuparse por mirar bajo las apariencias. Consideremos el discurso lírico popular de Palito Ortega, que se decía estaba, en su mayoría, "inspirada en modelos foráneos" (Grinberg 82) y que se ubica en un espacio contiguo al discurso de la "Revolución Argentina".

La lírica de "Muchacho que vas cantando" aconseja a la juventud no pensar en las cosas malas y simplemente cantar con la guitarra por la ciudad. Es una actitud liviana que boga por la no problematización de la realidad y la aceptación de las cosas tal como están/ aparecen. Se cree vivir en el mejor de los mundos posibles y se sueña en "La felicidad".

Muchacho que vas cantando

con tu guitarra por la ciudad,

cantale a las cosas buenas,

todo lo malo dejalo atrás.

....

la gente tiene sus penas,

por qué otra pena le vas a dar.

....

Arranca de tu guitarra

una esperanza, una ilusión.

La lírica de la canción, completamente diferente de los discursos que acabamos de ver, no niega ni se pregunta por la existencia de una realidad distinta a la que aparece según su mirada superficial de la ciudad; no se problematiza ni se interesa en hacerse eco de las tensiones sociales que entonces se vivían en la Argentina.

(*Gente* Año 8. No. 405-2 abril de 1973).

Para lograr esta mirada, opina irónicamente Geno Díaz, es necesario "aislarse de la realidad" y envolverse en el "Modelo de kochane", pues con él, "uno se siente ganador, no tiene dudas existenciales y llega a pensar que el mundo no está tan mal a pesar de todo". El modelo que Díaz dibuja en "Aquí está la colección 'Otoño-Infierno'" re-presenta una figura envuelta co-mo una momia en tiras blancas que la cubren completamente.

La lírica de Ortega se coloca de este modo en el mismo espacio de la "Revolución Argentina". Al respecto, López Echagüe la critica con ironía y expresa su sorpresa de que en "un tiempo de oprobio, de opresión, muerte y tortura" Ortega diga "cantale a las cosas buenas/ todo lo malo dejalo atrás" (66).

Esta misma actitud es la que Gambaro parece denunciar con la Emma de *El campo* aunque con matices más complejos; en distintos grados, en la voz de la canción y en la voz de Emma, observamos la elección de una ceguera selectiva que evade la definición política. Esta actitud neutra de acatamiento es la que tanto Onganía como Levingston querían de los partidos políticos: ellos debían ser a-políticos y aceptar los "sacrificios" exigidos y dejar de este modo la vía libre para la implementación de las medidas económicas necesarias para el programa de reactivación de la economía, manteniendo la "fe" de que todo sería para un futuro mejor, tal como Onganía explícitamente lo había pedido.

3- El espacio de la "argentinidad"

La discusión de lo que constituye "realidad" o "apariencia" da lugar también a la lucha por definir cuál es el espacio físico, conceptual y metafórico de la verdadera Argentina y de la "argentinidad". Lo que se entiende, como la "realidad" en las diferentes instancias, se convierte en el espacio de la Argentina, propio de la "argentinidad", donde vive el ciudadano argentino ideal que, según la posición del emisor del discurso, se acercará o alejará del espacio conceptual designado por Onganía.

Onganía señala que uno de los fines de la "Revolución Argentina" es el de "enseñar a ser argentino y a pensar en argentino" y afirma que la definición del "ser nacional" es la "base normativa esencial" de la política del Estado (Onganía, mayo 1967). La creencia en una esencialidad que define lo argentino, refleja una concepción del mundo rígida e inmodificable, a la que todos los ciudadanos deben acoplarse para lograr lo que según el dictador sería la "unidad espiritual de la república" (ibid); al mismo tiempo, su discurso niega la argentinidad a todos aquellos cuyas características o creencias se aparten de dicha esencia.

El discurso de Onganía es la pretendida justificación ideológica con argumentos "filosóficos" de la política económica liberal de la dictadura, que requiere concebir la realidad económica y social argentina del momento, con los límites y derechos con que la define el poder dictatorial. Este necesita, para afirmar el modelo nacional a implementarse, que todos los miembros de la sociedad acepten, uniformemente, el orden y el control impuestos. Se persigue la homogeneización de la ciudadanía, mediante la eliminación de todas las discrepancias no funcionales a los fines de la "Revolución Argentina". Las diferencias son condenadas y exiliadas de la pertenencia a la Argentina.

Para justificar este exilio de la argentinidad se adjudican características no humanas a los sectores que son o pueden ser el obstáculo para los planes del gobierno militar: aquellos que habitan el espacio señalado como no argentino, ficticio según el discurso de Onganía, que viven en el sub-mundo y son seres infrahumanos y "anormales". Los contra-discursos, en cambio, afirman que estos "seres" son justamente los verdaderamente humanos, los verdaderos ciudadanos argentinos.

Los discursos de la resistencia, con una mirada menos congelada, hablan de la posibilidad del cambio y de la movilidad social, conscientes en la existencia de derechos y prerrogativas que esos sectores "sub-humanos" habían alcanzado en los años previos a la "Revolución Argentina". Desde esta perspectiva, el paisaje de la Argentina del momento no corresponde a esencialidades inmodificables: el ocupar uno de los mundos no es sino un accidente contingente que no obedece a rasgos inmutables esenciales y no otorga la "argentinidad". Estos discursos de la resistencia traspasan la línea imaginaria divisoria de esos espacios y discuten ese "ser argentino" propuesto desde el discurso del poder.

Los discursos teatrales y lírico-populares que aquí estudiamos, proponen una identidad argentina diferente desde sus personajes o desde su poesía. Lo hacen en tres instancias: primero exponen la identidad que se les ha adjudicado, luego la rechazan y por último proponen una nueva identidad, definida por oposición a la identidad atribuida a ellos por los discursos de la "Revolución Argentina".

La lírica popular da voz a los habitantes de ese mundo periférico y subterráneo que exponen y desmienten los nombres a ellos conferidos; lo hacen mediante el humor irónico de la parodia. Si bien la ironía pudiera parecer el reconocimiento de una realidad cristalizada, ella implica también un distanciamiento que, por lo menos a nivel discursivo, posibilita el rechazo de la identidad construida por los nombres impuestos desde el discurso de Onganía. Esto se observa por ejemplo en el rock "Porque hoy nací" de Javier Martínez[36] (1969). La voz lírica pertenece a un desposeído que declara: "no tengo una casa" y "mi nombre no soy yo". Se ubica en el espacio marginal y rechaza la identidad falsa recibida; en la última estrofa, canta el renacimiento a la vida luego de haber descubierto "que [le] pasa"]. Aparece la posibilidad de ser de otro modo, con una identidad propia que parece no depender ni de la desposesión ni de la soledad. Veamos:

> Hoy adivino qué me pasa
>
> porque mi nombre no soy yo
>
> porque no tengo una casa

---

[36] Javier Martínez ganó notoriedad a fines de los 60' como compositor, letrista y baterista del grupo Manal. Posteriormente se separó del grupo y se unió a La Pesada del Rock And Roll y participó de la grabación del álbum "Buenos Aires blus" (Marzullo 123).

porque estoy solo y no soy

Porque hoy nací, hoy nací. (Grinberg 111)

Un contenido similar encontramos en "Pedro Nadie" (1969) de Piero, popular cantante argentino, que, en 1970, gana el Quinto Festival Internacional Río de Janeiro. En la canción nos habla el habitante desposeído de la periferia, Pedro "campesino de campo ajeno", "de la Juana, de la chacra/ del arado, de la miseria"; su identidad está dada por la tierra "mi patria es el surco" y tiene en sus manos "un amor puro como la tierra". La voz lírica reconoce su marginación, pero resiste a su deshumanización, y reclama su pertenencia a la "tierra". Recordemos que estos habitantes del campo eran los que habían migrado a la ciudad y formado gran parte de las villas miseria que rodeaban a Buenos Aires y a cuyos habitantes Onganía había descrito como "seres con capacidades intelectuales y morales inferiores a las aceptables".

Similar afirmación hace María Elena Walsh, en "Canción de cuna para gobernante". La voz lírica parodia el discurso del gobernante. Según ella, "Hombres, niños, mujeres" son "nadie"[37]. La inversión irónica está a la vista: este "no sujeto". "nadie" es el que turba el "sueño" del gobernante al exigir "casas" y "panes" que son

---

[37] El periodismo da cuenta también de la sensación de ser "nadie" en un estado en el que todos los derechos habían desaparecido. Escuchemos el comentario de Susana Ester Gulle, de veinticinco años, cuando votó por primera vez en el 73: "De pronto una se siente alguien; de alguna manera cabe esperar que ahora las cosas tomen el rumbo indicado y que nos sigamos sintiendo alguien... Siento que puedo hablar libremente, sin ocultar mi nombre o disfrazarlo, ¿no es alentador?" (*Panorama*. No.307. 15-21 de marzo: 1973, 21).

"penas chicas" que sin embargo se atreven a turbar el sueño "grande" del gobernante.

Hombres, niños, mujeres,

es decir, nadie.

....

Rozan con penas chicas

tu sueño grande,

cuando no piden casas

pretenden panes.

Duérmete oficialmente sin preocuparte

que sólo algunas piedras

son responsables.

El referente de estas estrofas queda más claro aun cuando adjudica la responsabilidad a las "piedras"; esto o es un desplazamiento de la responsabilidad a las "piedras" con lo cual muestra la no respuesta de parte del gobernante o es una deshumanización del gobernante que sería en este caso "piedra"; la autoridad que "duerme [...] oficialmente", sin ninguna preocupación.

Martínez, como compositor de rock argentino, tiene un auditorio joven. El texto tiene un trasfondo existencialista filosófico que se revela en los códigos que usa -"no soy"- que son comprensibles para los jóvenes al tanto de las nuevas corrientes filosóficas europeas, lo que les valía a los rockeros el calificativo de "extranjeros" que se les adjudicaba incluso desde los grupos de folklore. María Elena Walsh es mucho más explícita y se dirige a un público más amplio; compositora de canciones de niños, presenta sus espectáculos en el Teatro Regina de Buenos Aires, y usa códigos menos sofisticados, con referencialidad mucho más explícita lo cual es evidente cuando interpela al gobierno militar.

Tanto en el caso del rock como del folklore de protesta, los conciertos iban acompañados de una vestimenta que se había convertido en un signo de identidad de una comunidad que resistía a las pautas homogeneizantes, incluso en la apariencia, del modelo cultural que pretendía imponer la "Revolución Argentina". Por ejemplo, mientras en el caso del folklore, las "botitas de gamuza" eran indispensables, en el rock, los "vaqueros" (Saltón, *Entrevista*) eran la marca de identidad ideológica[38].

El escenario teatral también responde a la propuesta divisoria de Onganía. *Historia tendenciosa de la clase media argentina* (Monti), de la que ya hemos hablado, resiste a la definición exclusivista de la identidad impuesta desde el discurso autoritario. El texto dramatúrgico explicita y niega, mediante la parodia, la identidad que los discursos procedentes de los sectores de la clase media, afines al dis-

---

[38] Es curioso anotar que en los años sesenta, en una especie de resurgimiento nacionalista romántico, los sectores nacionalistas-militares o no- habían rescatado el folklore o la canción del interior y la habían traído a la ciudad y creado "peñas" o lugares en los que se reunían para cantar. El tipo de público era totalmente distinto al público de los festivales de rock; era un público más tradicional, con un dejo melancólico de amor hacia una Argentina bucólica. Formaban también parte de esta resistencia mediante la música los folkloristas que hacían canción protesta, como César Isella, Armando Tejada Gómez, Mercedes Sosa, Víctor Heredia, los uruguayos Alfredo Zitarrosa y Daniel Viglietti.

curso de la dictadura, han asignado a los sectores sociales menos privilegiados, cuyo espacio vital no coincide con el de aquéllos:

Han salido los fantasmas de la tierra.

Han surgido las larvas de la entraña,

pisotearon los jardines de mi ciudad blanca.

....

Cortaremos la cabeza de hidra

que hoy quiere enseñorearse

en nuestra ciudad blanca. (27)

El discurso de la clase media hace de los "otros" seres infrahumanos. Su "[mi] ciudad blanca", pura, espiritual y resplandeciente ha sido invadida por el mundo subterráneo; de él emergen sus habitantes, seres infernales y fantasmagóricos. Ellos no son seres humanos, ni siquiera animales, son apenas "larvas" que cual "hidra" envenenan la pureza de la ciudad luminosa con su sangre ponzoñosa. El mismo contraste encontramos en *El avión negro*, en cuyo texto son los mismos "negros" los que irónicamente, se describen a sí mismos con metáforas que aluden a la imagen que de ellos tiene la clase media y alta. El texto diferencia la superficie visible de un espacio invisible subterráneo -los lugares de trabajo- de donde emergen seres horribles, bestiales y sucios:

Aquí están, estos son

los que llegan de la orilla,

de la mugre, de las villas.

Los que calzan alpargata,

los que viven como ratas. (35)

Estos seres que ahora "llegan" a la "ciudad blanca", al centro, a la "realidad" del discurso de Onganía, vienen de la "orilla", la periferia. Ellos viven en "la mugre", en "las villas" (la ficción según Onganía); comparten el espacio de las "ratas", el sub-mundo subterráneo[39]. La ciudad se ve invadida, desde la perspectiva de la clase media cercana a la dictadura, por seres que avanzan desde la periferia al centro, que emergen del subsuelo, seres infrahumanos e inferiores; no pueden ser los verdaderos argentinos. La parodia invierte los significantes, hábilmente usada por los teatristas, es uno de los modos más efectivos de desconstruir en la escena el discurso devaluador de la dictadura y sus aliados.

A esta caracterización animalizada y deshumanizante de los sectores que provienen de los márgenes, responden también de modos diferentes otros escenarios teatrales. Ellos transfieren esa caracterización a los habitantes del centro luminoso, de la superficie, de la ciudad "luz" liberal, para expulsarlos de la "argentinidad.

---

[39] Situación que desgraciadamente, no carece de veracidad y que es aprovechada por la dictadura para apoyar el discurso que le sirve para justificar su política. . *Panorama* No. 40. de septiembre de 1966, en el artículo "Aquí el infierno" exhibe escalofriantes fotografías de cómo, a "60 cuadras de la Plaza de Mayo, la gente vive en los basurales. Los "cirujas... viven reptando silenciosos entre las lomadas de escoria. Verdaderos expatriados del mundo... La antesala del infierno se abre sin prolegómenos en las últimas calles de Villa Soldati... La muerte está en todas partes, aparece y desaparece lo mismo que las ratas, esas vecinas que viven amontonadas a los pies de los cirujas..." (118).

En *Ceremonia al pie del obelisco* se describen los habitantes del mundo del orden, el mundo de "allá" como gorilas; como seres que se "hunden en la mierda para vigilar mejor". En *El Avión negro*, son torturadores, hipócritas inválidos, falsos y manipuladores; en *Chau papá* el padre y sus hijos fieles son seres casi animales que difícilmente articulan el lenguaje, se comunican solamente con sílabas y sonidos; en *El campo*, Franco--el dictador--y Emma la burguesa cómplice, son seres anormales, negadores y cínicos mentirosos; *Historia* los presenta como "muñecos sin vida", en el caso de los industriales Anselmo y Nicanor o como animales o aves de rapiña como sucede con Mr Hawker y Mr Peag. Disminuye además el carácter humano del representante de la burguesía agraria al llamarlo "Boñiga". Los referentes semánticos de los tres nombres: cerdo, gavilán y excremento bovino, apuntan claramente a la naturaleza animal que *Historia* propone y que parece una respuesta a la deshumanización que el discurso de Onganía había adjudicado a aquellos que habitan en los "conos de sombra". Los defensores de la política económica de la "Revolución Argentina: los empresarios nacionales y extranjeros y la clase agropecuaria que pacta con ellos aparecen en el texto de Monti como seres animalizados e infrahumanos.

La prensa opositora se hace eco de este sentir y una vez más invierte los referentes. Así lo muestra la caricatura de Lanusse aparecida en el diario *La opinión* el 14 de mayo de 1971, en la que su aspecto se parece más a un animal que un humano: sus brazos aparecen como las extremidades delanteras y sus manos como garras animales; las enormes cejas esconden sus ojos y una dentadura deformada reemplaza la boca: su fisonomía ha sido deformada para animalizarlo.

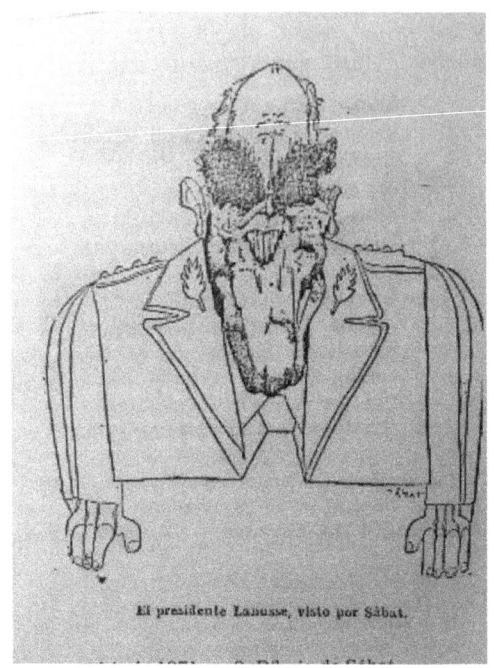

Opinión, viernes 14, de 1971:8.

De la resistencia a la des-argentinización y deshumanización de los sectores marginales que habitaban en las Villas, el discurso opositor intenta definir por la vía positiva, el "ser" del argentino. La lírica de la "Coplera de Juan", de Tejada Gómez, propone como rasgo principal el "ser de la tierra". "Juan", el hombre común, el campesino, es la realidad fundamental.[40] Su permanencia

---

[40] El uso del nombre "Juan" para representa al hombre común tiene larga trayectoria en la literatura latinoamericana. Basta recordar el *Canto general* de Pablo Neruda. En la producción cultural argentina de la época aparecen además del "Juan Fuerte" de *Ceremonia* el Juan de la "zamba de Juan Panadero", la "Navidad de Juanito Laguna" en la pintura de Antonio Berni y la "Coplera de Juan", para dar algunos ejemplos.

se opone a la mutabilidad, al carácter de pasajero de los "otros", "ellos", aquellos que carecen de "Juan" y de "sueños". "Juan" parece ser la Argentina misma, "la Patria":

Ellos pasan y no quedan

son tristes y amargos ellos.

Gente sin sueño y sin Juan,

entre la tierra y el cielo.

Ellos pasan y no saben

que cuando pasan yo quedo,

....

La tierra se llama Juan

porque es sangre mía que anda

vaya donde vaya yo

conmigo avanza la Patria.

Siempre de aquí para allá,

Soy Juan de la tierra y basta.

La "Coplera de Juan" como Neruda en las "Alturas de Macchu Picchu encuentra la clave de la identidad latinoamericana en el hombre que no se ha separado de la tierra y se ubica en el espacio del rock de Martínez analizado más arriba. La lírica de Tejada Gómez propone buscar la respuesta a la pregunta por la identidad nacional en el ser de "Juan de la tierra", la tierra misma.

4-La "patria" desmitificada

Los discursos de la oposición dan un nuevo sentido al significado de la nacionalidad y a los referentes de nación. Desde el teatro se desmitifican la tradición, los símbolos patrios, y la credibilidad del Padre autoritario. Se pone en crisis el espacio "sagrado" de la dictadura y de la nación, que el discurso de los Jefes de Estado de la "Revolución Argentina" se había adjudicado. Este es el caso de *Ceremonia al pie del obelisco* que construye una narrativa de la historia argentina diferente a aquélla que el discurso cultural argentino liberal tradicional ha abonado al imaginario social colectivo; desconstruye los símbolos patrios y pone en crisis la democracia cuyos procedimientos fraudulentos, constituidos en costumbre, se exponen en el escenario; la escena desafía la veracidad y la autoridad de los representantes de la "Revolución Argentina". Todo lo anterior se expone en la escena de Gentile cuando el Intendente Basile se enfrenta, con parlamentos contrastantes, con Juan Fuerte[41]:

> BASILE: Este Obelisco será, con el correr de los años, el documento más auténtico del fasto glorioso del 400 aniversario de la ciudad. Dentro de las líneas clásicas en que se erige es como una materialización del alma de Buenos Aires que va hacia la altura y se empina sobre sí misma.
>
> JUAN: Y se hace mierda contra el cielo...

---

[41] Juan Fuerte podría tomarse como metonimia de pueblo y también como alusión a Juan Domingo Perón, pues en los parlamentos lo llaman "General".

(DESORDEN GENERAL. LO HACEN CALLAR).

BASILE: ... que se empina sobre sí misma para mostrarse a los demás pueblos y que desde aquí proclama su solidaridad con ellos (LUCRECIA. MIRTA Y AZUL SE REFRIEGAN CONTRA EL OBELISCO. EL INTENDENTE SE INTERRUMPE Y EMILIO LO CONSULTA)

EMILIO: ¡Qué es esto!

BASILE: Una proyección fálica, enfermero. (46)

El texto denuncia la falsedad del monumento y de la historia que encierra. Construye el anti-mito del Obelisco y lo convierte en símbolo fálico del régimen patriarcal-autoritario y lo hace desde los personajes que encarnan la voz de los representantes del Estado. Para Juan Fuerte, el Obelisco carece de toda significación patriótica y su referente no sólo señala algo puramente material, completamente distinto de la connotación espiritualista implicada "el alma de Buenos Aires"; no es sólo la "materia" que se contrapone al "espíritu", sino desecho corporal inservible, fétido y en proceso de descomposición, características que veremos reaparecer en la descripción del cuerpo del Padre.

Al igual que *Historia tendenciosa de la clase media argentina*, el drama de Gentile confronta sus imágenes a aquellas del discurso de la dictadura[42]. *Historia* se opone al autoritarismo y resiste a la inter-

---

[42] El discurso de Onganía, por ejemplo, va hacia atrás en el tiempo para reactivar el mito del inicio de la nacionalidad y remonta sus orígenes al Congreso de Tucumán en 1816. El ancestro histórico nacional que el discurso militar se adjudica inviste a las Fuerzas Armadas y a Onganía en particular de la autoridad necesaria para reprimir a los bárbaros, los "otros", en nombre de esa misma historia que los

pretación de la historia de la Argentina como una continuidad gloriosa, exhibiendo lo que desde su perspectiva constituyen falsedades o momentos "oscuros" del pasado reciente construidos positivamente por una falsa conciencia que esconde los costos humanos. Al respecto Mouffe afirma que " solamente puede haber una identidad cuando ella se construye como "diferencia" y que toda objetividad social se constituye por medio de actos de poder" que llevan en ellos "las marcas de exclusión"(20). *Historia* descubre en los símbolos patrios la falsedad de la versión positiva y perennizada en los monumentos nacionales y exhibe al mismo tiempo, el costo humano que significa toda imposición de una dirección ideológica en una nación.

Esta puesta en crisis del sentido de los monumentos, el concepto de nación y de nacionalidad, esgrimidos siempre como justificación de sus acciones por la dictadura, surge también en la lírica popular. Desde el rock se quita la máscara de la veneración a los símbolos patrios y la libertad abstracta como el valor supremo. Todo ello aparece devaluado frente al presente que lo desmiente:

Ayer nomás

en el colegio me enseñaron

que este país

es grande y tiene libertad.

....

---

consagra. Asocian la identidad nacional con el ícono de la familia nacional, el orden, la civilización, la justicia y participación de la sociedad ordenada y jerarquizada.

En este mes

no tuve mucho que comer

Ayer nomás

salí a la calle y vi la gente

ya todo es gris y sin sentido

la gente vive sin creer. (Fernández Bitar 33)

La lírica de Lernaud denuncia que la "gente" ha perdido la fe en este país, que vive una falsa libertad. Denuncia "el colegio", como la institución transmisora de la cultura oficial, falsa apariencia encubierta por un lenguaje vacío y engañador. A la "grandeza" y "libertad" del país, tal como el discurso oficial lo describe, corresponden según el rock, un presente en el que la realidad del país es una vida gris y sin sentido. Al respecto, en la entrevista que publica Fernández Bitar, Pipo Lernaud, refiriéndose a estos años, habla de la máscara que cubría la sociedad argentina. Dice: "éramos un grupo de gente con una ideología de contracultura. Era la época de Onganía y había que hacer algo con la cara seria y la careta de la sociedad argentina" (22).

También Daniel Viglietti, cuyo discurso se ubica en uno de los espacios antagónicos al Estado, muy cercano al discurso de la Teología de la Liberación, llama en "Canción del hombre nuevo" a la lucha armada. Según él, es el "hombre nuevo", el guerrillero, el que llevará a cabo su proyecto de nación. Esta lucha armada tiene como fin alcanzar una utopía que Viglietti propone en la "Milonga de andar lejos". Ella consiste en un cambio que borre la ruptura y aspire a la integración en la diversidad: propone encontrar una forma de terminar con la fragmentación de la sociedad argentina, para formar una unidad heterogénea:

¿O es que existe un territorio

donde las sangres se mezclan?

....

Yo quiero romper mi mapa

formar el mapa de todos,

mestizos, negros y blancos

trazarlo codo con codo.

....

Ayúdeme, compañero,

ayúdeme, no demore

que una gota, con ser poco

con otra se hace aguacero.

El texto de Viglietti, que llama a terminar con la escisión/ límite o frontera, que separa a blancos, negros y mestizos, expresa la esperanza de que ellos puedan ocupar un espacio indiviso. Viglietti, expresa la aspiración no sólo de lograr esta unión argentina sino aún más, la unión de todos los latinoamericanos, borrando diferencias y fronteras. El discurso de Viglietti habla de la propuesta de un modelo cultural que propugnaba un cambio total en las relaciones sociales de la Argentina y en su estructura política, dentro de la ideología de la Internacional Socialista, integrándola a una realidad mundial, modelo radicalmente contrario al de la dictadura de la "Revolución Argentina".

El modelo cultural liberal homogeneizante que defiende la "Revolución Argentina" es el modelo prevaleciente en el país desde el principio de la nacionalidad. Y es el modelo que define lo que los discursos autoritarios entienden por "argentinidad". Una vez más, escuchemos a Onganía, con ocasión de la Reunión de Jefes de Estado en Punta del Este el 12 de abril de 1967. Según dice, "argentino" es aquél que tiene un "sentido cristiano de la vida" y que además respeta las "formas culturales que [le] son propias". El Estado se opone a todo cambio respecto del modelo cultural tradicional argentino:

> Cuando hablamos del hombre argentino no nos referimos a un ser abstracto, sino a un ser histórico, y social inserto en una familia y en una comunidad. Al proteger [la familia] no sólo protegemos nuestro sentido cristiano de la vida; posibilitamos también su formación en la tradición moral que nos alienta, y la preparamos para la defensa y perfeccionamiento de formas culturales que nos son propias. (12)

---.---.---.---.---

En esta primera parte hemos visto cómo la lucha política y social en la Argentina del momento, se manifiesta en los discursos culturales en formas metafóricas que nos remiten a escisiones espaciales como superficie y subterráneo y ontológicas como realidad y apariencia. Hemos expuesto el desdoblamiento de esa escisión inicial y básica en estructuras sucesivas que van replicando divisiones que, a la vez, manifiestan posiciones y argumentos que explícita y metafóricamente, la mayoría de las veces, intentan justificar sus visiones de la Argentina y la argentinidad.

La experiencia viva de esa lucha por el sentido político genera una estructura del sentir que se manifiesta en las expresiones metafóricas que tienen referencia semántica y que van formando una red de metáforas y sentidos que, como un calidoscopio, nos acerca a la lucha política cotidiana durante la dictadura de la "Revolución Argentina" con la evolución paralela e inversa a su pérdida del poder. Del otro lado del espacio simbólico se ubican los discursos de la dictadura que disfrazan con una retórica espiritualista y paternal el intento de la imposición de un modelo social y económico cuya finalidad era deshacer los derechos ganados por numerosos sectores en la época anterior bajo la política peronista.

/ SEGUNDA PARTE

II- LA NACIÓN COMO CUERPO POLITICO

En los discursos del sistema cultural de La Poética de la(s) Ruptura(s) el cuerpo se traslada al texto o a la escena social y teatral para expresar miedos, mitos, necesidades, críticas y exigencias; corporiza la indignación o las esperanzas y traduce el dolor o la sátira en imágenes que trascienden fenomenológicamente su significado. Las señales corporales hablan más que las palabras, las hacen visibles y táctiles en la escena y el lenguaje. El cuerpo es, en estos casos, no un objeto más en el mundo sino el medio de comunicación con él y el transmisor de significados.[43]

Al igual que lo sucedido con la metáfora del mundo escindido, la aparición de cuerpos diversos deja constancia del antagonismo que subyace a la lucha política y social. A espacios diversos de pertenencia corresponden, respectivamente, variadas formas de corporeidad: cuerpos simétricos y controlados o cuerpos enfermos, desfigurados, animalizados, deformados y putrefactos. Es posible visualizar articulación de sentido entre los cuerpos y los espacios que éstos ocupan a los dos lados de la escisión; hay zonas más o menos adecuadas a diversos modos de corporeidad, delimitadas por los diferentes discursos. Se podría trazar una "topología de las culturas corporales, correspondientes a la puesta en escena o al ocultamiento de las siluetas según los emplazamientos y las ocasiones... la desaparición del cuerpo, su desvanecimiento..." (Mons 187), su gestualidad y su vestido.

---

[43] Tal como Merleau-Ponty afirma en su *Fenomenología de la Percepción*, "la permanencia del propio cuerpo... nos conduce, ya no al cuerpo concebido como un objeto del mundo, sino como nuestro medio de comunicación con él" (citado en O'Neill 15, mi traducción).

A la ruptura espacial (superficie/ subterráneo) y ontológica (realidad/ apariencia) que hemos visto aparecer en la primera parte, se agregan las rupturas entre cuerpo y alma; materia y espíritu; cabeza y cuerpo. El lenguaje teatral, poético y político, junto con el espectáculo del cuerpo en la escena, trasladan la realidad histórica de la Argentina a variadas imágenes corporales. Así, el discurso periodístico habla del rostro de la violencia y de la epidermis de las ciudades y la dictadura habla del cuerpo de la nación. Al mismo tiempo, los cuerpos más diversos pueblan la escena teatral y la lírica popular de la canción. El gráfico que sigue intenta desplazar esta multiplicidad de cuerpos y condiciones presentes en los discursos políticos los escenarios líricos y teatrales del momento.

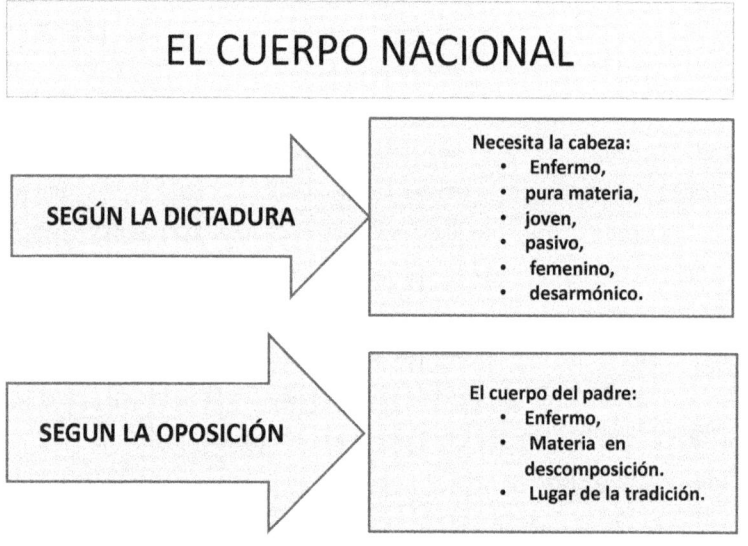

La metáfora del cuerpo aparece, por primera vez en el discurso paternalista y autoritario de Onganía; la nación como cuerpo político del cual la "Revolución Argentina" y Onganía, como su representante, es la cabeza, el lugar de la inteligencia, del espíritu y del alma. Desde esta propuesta, los miembros del cuerpo, asimilados a la materia y opuestos al espíritu, no pueden prescindir de su protección ni de la guía de la inteligencia y de la razón, todos atributos ubicados en la cabeza del cuerpo nacional, la dictadura. El discurso de Onganía propone, además, la metáfora del Padre protector como el creador o fecundador de la nación, lo que da lugar a la imagen de la nación feminizada o representada como una joven necesitada de guía y protección que debe ser fecundada por la dictadura para dar lugar al re-nacimiento. Por último, el discurso de Onganía propone la imagen del Padre como el médico/ salvador del cuerpo político. La nación es ahora metaforizada como un cuerpo enfermo espiritual y físicamente.[44]

Es notable que los griegos ya habían optado por el recurso retórico de hacer de la nación un cuerpo político cuando necesitaron recuperar la unidad ateniense. No es sorpresivo entonces que, en un momento en que la Argentina se encuentra atravesada por múltiples rupturas, la metáfora del cuerpo político aparezca insistentemente. Platón ya había afirmado que los Reyes Filósofos o Guardianes eran los únicos poseedores de la autoridad para la dirección racional del estado, único modo de mantener la proporción y armo-

---

[44] Perón describe la conducción ideal de las fuerzas del país, realizada sin violencia gracias a "una suerte de Padre Eterno que *bendice urbi et orbe*, e influencia a todos para que esa bendición los alcance en forma de encaminarlos hacia el objetivo y desviarlos de los objetivos sospechosos, que sostienen intereses parciales" (Anzorena 163). También él se identifica con la figura del padre guía y su discurso tiene un tono mesiánico; sin embargo, debido a la orientación ideológica de los textos que deconstruyen la figura del padre y al contexto histórico de oposición masiva a la política de la dictadura, la deconstrucción de esta figura parece referirse casi exclusivamente a la dictadura.

nía necesarias para la conservación de la salud de este cuerpo político.

Hale en su estudio sobre el Renacimiento inglés, afirma que esta imagen fue tradicionalmente invocada, como una defensa contra los peligros internos y externos, solamente por aquellos que defendían el statu quo; es una respuesta conservadora a la literatura de protesta social y religiosa (35). Las afirmaciones de Hale sobre la funcionalidad de esta metáfora, son perfectamente consistentes con su aparición en este momento de la historia argentina en que la justificación de las medidas tomadas por el poder responde a la percepción de la existencia de peligros internos y externos que se sentían como evidentes.

La diversa metaforización con la que se presenta el cuerpo en los productos culturales del momento sugiere la expansión, derivación y diversificación de las funciones arquetípicas del dictador como Padre-guía que procede inicialmente del discurso de Onganía. Los discursos de la oposición resisten a estas elaboraciones metafóricas de las relaciones entre la "Revolución Argentina" y la nación, niegan el antagonismo entre materia y espíritu y proponen, en algunos casos, una simbiosis entre estas dos categorías; construyen la nación no como cuerpo femenino fecundado, sino como un cuerpo violado y devorado por los agentes de la "normalización" económica, y localizan la enfermedad y la desintegración en el Padre y en los representantes de los grupos que eventualmente lo apoyan.

1-La dictadura: padre y espíritu del cuerpo nacional

La diferenciación de cuerpo y espíritu, esgrimida por el discurso de Onganía, es un elemento fundamental que viene de la tradición cristiana y revela, una vez más, la cercanía ideológica de Onganía con la Iglesia Católica tradicional. En la tradición iconográfica europea del martirio cristiano aparece la escisión entre lo que se inscribe en el rostro y lo que sucede en el cuerpo. Mientras el cuerpo se ve arruinado, el rostro demuestra una clara superioridad ante las atrocidades que parecen no tocarlo (Sontag, *Sida* 45); en el discurso del dictador, el cuerpo aparece como enfermo, distorsionado y fragmentado, mientras que su cabeza, la dictadura, se describe sin que ninguno de los problemas del cuerpo la hayan podido alterar. Es posible pensar, además una relación entre la metaforización de la nación como cuerpo político, con la propuesta del cuerpo místico de Cristo de Tomás de Aquino. Según él, este cuerpo depende para su perfeccionamiento del espíritu y del alma y es el Espíritu Santo la mayor y principal perfección del cuerpo místico, tal como el alma lo es del cuerpo natural (citado en Hale 37); la superioridad de la dictadura como cabeza del cuerpo político asentada en su espiritualidad parecen tener una obvia conexión con lo propuesto por Platón y Aquino. Un antecedente más cercano, se encuentra en la tradición cultural argentina, en tanto Sarmiento ya había afirmado la superioridad del espíritu sobre la materia y, al mismo tiempo, había equiparado estas categorías a civilización y barbarie y espíritu y materia (185).

La nación representada como un organismo[45], en cuya cabeza está la dictadura militar, asegura tanto la superioridad del estado respecto de sus partes, como la necesidad de que ellas acepten su autoridad, puesto que la cabeza encarna la inteligencia y la racionalidad. La imagen de la "Revolución Argentina" como la cabeza del

---

[45] El lenguaje del cuerpo para referirse a la política también aparece en el discurso de Perón, pero a diferencia de la función que éste tiene en el discurso de Onganía, en Perón se refiere a la capacidad autorreguladora de los movimientos políticos que "como el organismo humano, generan las defensas que habrán de aislar y aniquilar a los elementos insalubres" (*Panorama* No. 271. Julio 1972: 15). La cuestión es cuáles son los "elementos insalubres" y alrededor de esto se entabla el intercambio político metafórico de los discursos.

cuerpo político es funcional a la legitimación del control estricto que el estado necesita ejercer desde la "racionalidad", la "espiritualidad" y la "inteligencia"; la cabeza, como poseedora de la inteligencia tiene el poder y la exclusividad de determinar lo que constituía el bien general de la nación. Onganía como jefe del Estado de la "Revolución Argentina" es el llamado a poner orden en la nación en vista de que posee las facultades para dominar y guiar todos los movimientos y decisiones del cuerpo.

La relación entre ideología, poder y figuras metafóricas del discurso hacen posible entender la aparente contradicción de que, al mismo tiempo que los discursos de Onganía hablan de una "modernización" de la Argentina, lo hacen mediante una retórica con origen en la antigüedad y cuyo uso se remonta al medioevo.

La "Revolución Argentina", con sus representantes, se coloca, gracias a esta retórica, por sobre la sociedad, y pretende garantizar que sus acciones son sabias, objetivas y neutrales; las Fuerzas Armadas se ven a sí mismas como la encarnación de una racionalidad que dice trascender la miopía y la avaricia de los intereses particulares. La dictadura, en nombre de las Fuerzas Armadas se reconoce entonces como parte del cuerpo social y se auto denomina su conductor, y su cabeza.

Onganía describe el objetivo del gobierno para 1967 como el de "Poner Orden " y "t[ender] el cauce por donde habrá de transcurrir, a partir de este momento, la vida argentina" (Onganía 7:9). La imagen es explícita y describe lo que el gobierno espera de la sociedad argentina: que ella no se desborde, que no salga de los límites que se le han marcado y que siga el "cauce" que la "Revolución Argentina" le señala. De acuerdo con esto, la "Revolución Argentina" está obligada a adoptar como "...norma de conducta indeclinable el mantenimiento de los principios rectores de moral pública y ciudadana, autoridad, responsabilidad, respeto de la jerarquía, orden y bien entendida disciplina (Onganía: 5:17). La "Revolución Argentina", cabeza y espíritu del cuerpo político, tiene como meta la finalidad de "lograr el más amplio desenvolvimiento de las potencias espirituales y creadoras del hombre" (ibid).

Aunque discontinuo en ciertos aspectos respecto de su predecesor, en el discurso de Levingston se seguía apelando al contenido "espiritual" del desarrollo. Sin embargo, el énfasis explícito en el contenido "espiritual" de la "Revolución Argentina" desaparece paulatinamente de los discursos de Levingston y de Lanusse.

2-La "Revolución Argentina": ¿Un estado espiritual?

Las Fuerzas Armadas ven las consecuencias de la "normalización"—que debía llevar a cabo la "Revolución Argentina"—como un proceso desafortunado pero inevitable, aunque no como el fin mismo de la "Revolución "; creían tener el deber de cumplir con el proceso que afianzara, por el interés nacional, esta "normalidad". Ellas parecen, en su mayoría, compartir el convencimiento de que la "Revolución Argentina" era el "espíritu" que debía rescatar el cuerpo extraviado de la nación.

La "normalización" que se perseguía, consistía, tal como lo registra O'Donnell, en la creciente centralización del capital financiero, la transnacionalización acelerada, el desmantelamiento de la mayor parte de la industria nacional o su subordinación, y el incremento del consumo de artículos de lujo en contraste con la caída pronunciada de los estándares de vida de grandes sectores de la población (193). Esta visión de las Fuerzas Armadas se refuerza con la idea de que la "Revolución Argentina" no es necesariamente respuesta a la crisis y a posicionamientos político-ideológicos que amenazan a la sociedad en tanto sociedad capitalista, sino más bien la única alternativa ante una crisis que se entiende como el resultado de una conducta irresponsable, inmoral, subversiva y egoísta de la mayoría de los sectores sociales, incluyendo la burguesía que ponía en riesgo esa "normalidad".

La equivalencia sugerida entre cabeza del cuerpo político y dictadura hace converger la sabiduría y el espíritu con la "Revolución Argentina" y las Fuerzas Armadas. Así, ellas están en capacidad de "...asimilar las consecuencias que la conducción política provoca en el cuerpo social del que forma parte...". La Revolución argentina tiene un " profundo contenido espiritual [que] afirma la prevalencia de los valores morales sobre los materiales"(Onganía 3:9-10).

Las "consecuencias" a las que el discurso del dictador se refiere son las propuestas que contemplaban políticas que tendían hacia un capitalismo que habían adoptado ciertos sectores sociales de la Argentina y que se alejaban del modelo de desarrollo neoliberal de libre mercado y libre empresa, inspirados algunos en la Revolución cubana o en los postulados de la Teología de la Liberación que revolucionaba el catolicismo tradicional.

Por otra parte, la referencia del discurso dictatorial a ciertos sectores sociales como un "bravo animal domesticado" podría referirse a un ser que, en su animalidad primitiva y pura materialidad, se ha convertido en inofensivo; sin embargo, tiene una carga negativa de peligrosidad, sabemos que "es bravo" lo que justifica la necesidad de tomar recaudos y ponerle restricciones protectoras. Un ejemplo de ello es el caso del edicto policial que limita las celebraciones del carnaval de 1971; éste prohíbe los disfraces y los juegos con agua a los menores de quince años que no tengan un permiso especial de la comisaría. En respuesta a la reglamentación del carnaval por parte de la dictadura y al Edicto recién publicado, la revista *Panorama*, en "Carnaval: adiós, adiós, adiós, decime dónde vas...", publicado en el número 200 del mes de marzo ese año, uno de los entrevistados, Edgardo Suárez, se queja de que la "gente no participa de la alegría", esto es porque "no participa en nada y, menos aún de la vida política nacional". Contrastando con esto, recordemos que en el período entre 1946 y 1955, anterior a la dictadura, los bailes de carnaval "arrojan recaudaciones sorprendentes que coinciden con el gran cambio social que trajo el peronismo y que se identifica, con razón, con la alegría de las masas" (Romano, *Cultura* 42). La sujeción del animal significa también entonces una pérdida de la alegría—"un largo paseo de solitarios iluminado por bombitas de colores"—y una falta de participación con notable ausencia de antifaces y caretas que se debe "quizá [a que] ya nadie teme mostrar su cara triste"(26-27). El orden y la reglamentación de la Revolución Argentina, domestica a este animal salvaje que son las masas y les trae una tristeza que nace de la no participación no sólo en el carnaval sino también de su no participación en la vida política nacional tal como Suárez anota.

Esta retórica purificadora y espiritualista del decreto policial se repite en el discurso no oficial de sectores que apoyan a la dictadura. Avellaneda en *Censura, Autoritarismo y Cultura 1960-1983*, hace una recapitulación de discursos que provienen de diversas fuentes; recorre, por ejemplo, discursos de oficiales retirados de alta graduación que al momento de sus declaraciones suelen no ocupar puestos oficiales... grupos sin personería que se expresan por medio de solicitadas; las asociaciones en su mayor parte ligadas al catolicismo y los representantes de la iglesia católica misma..."(32).[46]

---

[46] El siguiente texto de H. Varela señala la continuidad del discurso en la historia y la política argentina que marca la persistencia de la ideología que respalda la dictadura. El autor señala las mayorías como ineptas o naturalmente dirigidas al mal: "Las mayorías son siempre enemigas de la patria, del orden y del bien. que son la religión. la disciplina y el trabajo. Su instinto las conduce al mal" "La cultura popular" en *Contracorriente* 1943: 17.

Sin embargo, el apoyo de los grupos que usan la misma retórica que la dictadura, fluctúa notablemente según las medidas concretas que tome el gobierno. Esto se aprecia claramente en la carta abierta del grupo "Cruzada", dirigida al general Onganía y que aparece en *La Prensa* el 29 de marzo de 1967. Esta pone en evidencia cómo la retórica espiritualista es usada por los grupos que apoyan la "Revolución Argentina" para defender sus intereses. Curiosamente, la misma metáfora que sirve a la dictadura como la 'razón' para controlar verticalmente desde el poder a los grupos opositores, les sirve a ciertos grupos aliados de la dictadura para defender sus intereses materiales: la existencia del "alma inmortal" se convierte en el origen del derecho a la "propiedad privada".

Esto se concreta cuando, con motivo de ciertas leyes de Arrendamientos Rurales, Alquileres Urbanos y de Impuesto a la Renta Potencial de la Tierra la carta, emitida por estos sectores, afirma que es innegable que mediante estas leyes (en este caso promulgadas por la dictadura)

> se puede socavar el derecho de propiedad privada, y por allí puede ser minada la propia concepción del hombre. El hombre dejaría de ser mirado como un ser dotado de un alma inmortal, que vive principalmente para Dios y para si mismo, y secundariamente para la sociedad (Avellaneda 84).[47]

---

[47] Los cooperativistas -Venchiatutti- con un lenguaje que no tiene nada que ver con el alma o la espiritualidad de los afectados por este impuesto, se refieren a él con razones de tipo económico y social: "Una medida que debería reemplazar a todos los tributos y tomarse sin vacilaciones, pues estimula la producción y es un incentivo para el verdadero trabajador de la tierra" (*Panorama* N°.128. octubre 1969: 13). Por otra parte, sectores radicalizados del catolicismo esgrimían el argumento inverso a los que hacían equivaler "alma" con derecho a la propiedad privada; se decía que el derecho a la propiedad privada " está supeditado por el

Veamos qué sucede en el escenario teatral. El discurso teatral de la resistencia desenmascara la pretendida "espiritualidad" como la auto-designación encubridora de intereses y protectora del status económico. *El avión negro,* sobre la que ya hablamos en la Primera parte de este ensayo, desenmascara parodiando lo que se entiende por "espiritualidad" en los discursos ubicados en el espacio del poder dictatorial. En el parlamento de los "viejos" que son los representantes de la tradición y de la vieja Argentina, aliados del gobierno de Onganía, se dice:

> Viejo 1: Por nuestro estilo de vida... ¡Por nuestras tradiciones!... ¡Por nuestros campos!... ¡Por nuestras industrias!... ¡Nuestras casas!... ¡Nuestras familias!... (Cada vez mas histérico y chillón) ¡Nuestros créditos!... ¡Nuestras inversiones!... ¡Nuestros cuadros!... ¡Nuestras alfombras!... ¡Nuestros obreros!... ¡Nuestros empleados!... ¡Nuestras sirvientas!... ¡Nuestras prostitutas!... ¡Por todo lo nuestro!..." (88).

De modo simultáneo a la denuncia del encubrimiento de intereses materiales de ciertos grupos que manejan el discurso espiritualista, los discursos de la oposición hacen del cuerpo la imagen funcional para la resistencia. Por una parte, niegan el carácter de pura espiritualidad de la "Revolución Argentina" y por otra, sugieren tener ellos también espíritu; además, muestran la "Revolución Argentina" como un cuerpo en decadencia al mismo tiempo que afirman el valor del cuerpo quitándole la carga negativa de sentido

---

mismo Dios Creador al derecho anterior que tienen todos los hombres colectivamente considerados, a poseer todos los bienes creados por Dios" (Ramondetti 173-4, citado en Terán 104).

que tenía en el discurso de Onganía. Por ejemplo, Agustín Tosco además de asignar a la Revolución una substancia corporal y de negar su espiritualidad, asevera que ella es solamente un residuo de vida: la "Revolución Argentina" es un cuerpo "agonizante", es solo "despojos" (143).

Detengámonos en la metáfora del cuerpo para negar la espiritualidad de la dictadura mediante imágenes que sugieren decadencia, desintegración y muerte que se encuentran tanto en el discurso político de oposición como en la escena teatral.

3- El cuerpo del Padre: materia y descomposición

Los discursos teatrales que aparecen después del Cordobazo se caracterizan por trasladar discusión al centro: la escena se desenvuelve en el espacio del padre autoritario. Ponen en crisis, mediante la retórica teatral/visual y textual, la imagen del Padre sabio que Onganía había trazado en su discurso paternalista, y cuyas acciones, se decía, estaban guiadas únicamente por los intereses de todos sus hijos, los "verdaderos argentinos", con la esperanza de "reubicar" a los desviados. Este es el caso de *Hablemos a calzón quitado* y de *Chau papá*.

En *Hablemos a calzón quitado* el padre está obsesionado por guardar la inocencia de su hijo, Juan que es infantilizado y feminizado. El "nene" según el prólogo de Gentile es el hombre contemporáneo al que le han "manoseado el instinto y el cerebro" a través de siglos de "redención occidental y cristiana". Este sentido el espectáculo apunta irónicamente a lo que en *Panorama* se señala como "el prurito moralizador que no abandona al gobierno ni en los momentos más graves" (112:40) y que se relaciona directamente con la retórica espiritualista del discurso de Onganía. Esto se confirma cuando constatamos que el discurso del personaje del padre se expresa en los mismos términos abstractos y universales del discurso autoritario. El discurso del padre parodia el de Onganía y queda asimilado al discurso moralista de la Iglesia Católica tradicional[48].Escuchémoslo:

> Los abusos son siempre perniciosos para el espíritu y para el cuerpo por lo tanto hijos míos, ahora que aún estamos a tiempo, cambiemos de vida. Demos un golpe de timón y tomemos la senda de la virtud y la templanza... guiados por los sentimientos nobles del alma. (54)

La llegada de Martín, salvador y amigo intelectual que Juan, el nene, introduce en su casa, consigue abrir el espacio cerrado, en que transcurre su vida. Las lecturas que le proporciona Martín y la experiencia de amor con la Polaca hacen que el "nene" se integre progresivamente al mundo exterior superando el encierro en que lo tiene el padre, alcanzando una perspectiva diferente que en la escena resulta disruptiva. Juan expulsa al padre de la casa, luego de tomar conciencia de que su padre era solo una "madre castradora" que atrofiaba sus posibilidades vitales.

Las actividades clandestinas del padre, que en la noche sale vestido de mujer a asesinar taxistas, sugieren una asociación con la represión ejercida por el Estado contra todos aquellos que violaran el estado de sitio impuesto durante todos los años que duró el régimen militar. El taxista con su especial capacidad de movilización es

---

[48] Ricardo Saltón, en una conversación conmigo, en octubre de 1994, recordaba que "el discurso político y los valores que se defienden son reflejados o contrareflejados en el discurso popular, la dictadura lo toma para reforzar lo que le interesa. Siempre en su discurso relacionó la moral religiosa con lo político. El amor libre, el aborto, el divorcio, el lenguaje explícitamente sexual estuvo tan prohibido como hablar mal del gobierno".

metafóricamente la figura más adecuada para la representación de la violación de la ley del "estado de sitio"; sin embargo, si del padre se trata, el estado de sitio no es obstáculo para que sus actividades criminales se lleven a cabo durante la noche. *Hablemos*, al mismo tiempo que niega la espiritualidad del padre, denuncia subrepticiamente el status de excepción de las acciones de los gobernantes respecto de las leyes (el asesinato de los taxistas por el padre de *Hablemos*) lo que contrasta con la represión a que se somete al simple ciudadano.

El texto de Gentile entrega una espectacularidad que remite a la gestualidad del dictador y parodia su discurso paternalista:

> Ahora estamos en 1970 y hay que vivir de otra manera. Con orden, con limpieza, con horario...Yo ya no aguanto más. *(Aparece Martín con una toalla en el hombro)*. El desorden me pone histérico. ¿Le parece que en esta casa viven personas normales? (69)

El padre y su posición en el escenario corresponden paródicamente, a las actitudes del dictador: su gestualidad y su discurso, pretenden transmitir una atmósfera de sabiduría, eticidad y dominio total de la situación; las relaciones que genera con su hijo son exclusivamente verticales, moralistas y juzgadoras. Le preocupa sobre todo el mantenimiento del orden y la obediencia.

La alegoría en este texto descubre la otra cara de la imagen del padre que, a pesar de decir defender las "valores morales", es engañador, controlador y asesino. Más aun, aquí se sugiere que "la virtud" o "la espiritualidad" entendidas a la manera tradicional del discurso de Onganía, no conllevan sino la muerte; la vida, en cambio, se concreta en términos materiales de placer sensual expresado en términos corporales que habían sido borrados del discurso espiritual de la dictadura. Martín -el mesías intelectual- le dice al "nene":

"La vida, Juan, la vida juega, corre, grita, suda, respira y revienta afuera de los libros... La vida es piel, frotar barrigas, reír, llorar..." (73).

Martín narra en la escena, la liberación de Juan respecto de las imposiciones del padre, mediante la narración de aquello que le ha cambiado la vida: la experiencia sexual con la Polaca. Para ello, Martín (Gentile) usa un lenguaje político, con una metáfora de guerra que subraya el triunfo del "nene" y el logro de su independencia mediante un acto carnal erótico. Este parlamento hace aún más claro el referente del discurso; Juan es según Martin "el erótico Revolucionario que, superando el trauma, tomó esta noche por asalto el último reducto de la Polaca" (74).

"El viejo se nos va"(pie de foto original)

Primera Plana, 13 de junio de 1971.

En *Hablemos* resuena el discurso de la Teología la Liberación, que disocia carne, vida y placer de la noción del mal que ahora se coloca en la explotación del semejante, en oposición a la visión moralista de la dictadura. Esta posición, lanzada desde el cristianismo post-concilio, opuesta a la visión del mundo tradicional "occidental y cristiano" en que se afirmaba la dualidad cuerpo/alma y materia/espíritu con su respectiva axiología, explica el énfasis de los discursos de la oposición en la materialidad de los cuerpos. Explica también la continua mención y el énfasis, en los discursos políticos de oposición, en las necesidades materiales, de aquellos sectores que habían sido precarizados. Todo esto es congruente con el hecho de que, desde sus filas, se hayan alimentado los grupos guerrilleros que se oponían al modelo de acumulación capitalista dependiente de la "Revolución Argentina" que pretendía "espiritualizar" y "purificar" sin atender a las necesidades materiales de sobrevida de amplios sectores sociales.

Por otra parte, podemos oír el eco de este planteo en los más diversos productos culturales, no sólo en la escena teatral. El artículo "Dos concepciones de traición a la Patria" (*Las bases* op.cit 55), refiriéndose a las declaraciones de un diputado cuyo nombre no se aclara, critica la ecuación entre una "Argentina formal, superficial, [y] una categoría descarnada, en donde no late la Patria ni la tradición de la Patria...". Lo que importa aquí es el énfasis en el desacuerdo respecto de conceptualizar la Argentina como puro "espíritu"; la cita anterior critica el discurso del poder y afirma, tácitamente, que la Argentina tiene "carne" y "corazón"(late). Que existe una Argentina real, opuesta a una Argentina meramente "formal" y "superficial".

El cuerpo del padre degradado propuesto por *Hablemos* aparece nuevamente en *Chau papá* (1970), donde el padre, antiguo héroe de la patria y hombre público eminente, muere al estallido de sus intestinos. El cuerpo del padre, en proceso de descomposición, llena la escena con sus propios olores, sonidos y residuos corporales. El escenario lanza al frente la materialidad obscena del cuerpo del padre que cuestiona su calidad de "patriarca" espiritual y "héroe de la patria", tal como afirman los múltiples y elogiosos recortes de periódico que, sus familiares y amigos, leen alrededor de su lecho de muerte. En la foto de la puesta, sobresale la majestuosidad de la cama que corresponde a la importancia del padre en la vida nacional.

Del mismo modo, el cuadro de "Los Gorilas", de *El avión negro* parodia la afirmación de Onganía acerca de la "espiritualidad" de la "Revolución Argentina", mostrando que quienes la defienden están en estado decadente. En este cuadro, el Viejo 1, se declara "pilar de la oposición a los cambios introducidos en la Argentina", puesto que van en contra del "orden jerárquico ideal" y, en total estado de decrepitud, afirma, al igual que Onganía, que "el espíritu debe privar sobre la materia":

> ¡La comunidad confía en sus hijos más esclarecidos para que asuman la defensa de los valores fundamentales... Nosotros, la gente decente, ¡debemos dar hasta la última gota de sangre para impedir que la Argentina retome a épocas nefastas felizmente superadas! (80)

El lenguaje verbal más la imagen escénica, que exhibe el cuerpo decrépito del viejo, personaje que emite el discurso, acentúan la parodia y muestran la política de Onganía como decadente. El título de la escena, "Gorilas", explicita el referente de esta parodia dirigida al discurso de los viejos políticos contrarios al peronismo. Ellos detestan, como el Viejo 1, la "vieja época nefasta" -los años del peronismo- y están aliados con la "gente decente", el sector más tradicional y oligárquico de la sociedad argentina.

A la ideología de la iglesia tradicional, coherente con el discurso de Onganía en cuanto privilegiaba el espíritu, la mente y la razón sobre la materialidad del cuerpo, se oponía el discurso de la Teología de la Liberación. Carlos Mugica--que coincide con los discursos escénicos arriba mencionados--opone a la ideología de la "Revolución Argentina", su "enfoque Revolucionario del pecado" (65) y afirma que el verdadero pecado es "rechazar el amor e instalar la injusticia" (66). Según él, esta injusticia es la finalidad misma de la "Revolución Argentina: aceptar las estructuras opresoras del "capitalismo liberal". Lo que se entiende por "pecado", "amor" y "justicia", según este discurso que coincide con la escena de Gentile, es contrario a lo propuesto por la "Revolución Argentina": el "pecado" coincide con la normalización del sistema capitalista y se ubica lejos del "amor" que es justamente donde estará la salvación según el discurso de Mugica.

Según el sacerdote, la óptica de la Iglesia tradicional a la que adhiere Onganía, es "la visión fría, abstracta, enteramente clara y racional de la escolástica". Por ello, propone pasar "de [esta] visión esencialista de las cosas a una visión existencial" (82) y afirmar así, la primacía de la existencia y de la vida, del cuerpo y de sus necesidades materiales. La nueva teología ha "aterrizado" (120) y ha "descu[bierto] el mundo" (81); a la preocupación por el aspecto espiritual, se suma ahora la valoración de los aspectos materiales del mundo y la vida. Mugica propone así una poética de la materialidad incluso para describir la vida del cristiano resumida por el en tres instancias: "la histórica, que podemos llamar uterina, [...]el parto que es la muerte [y] finalmente la vida plenamente creadora: la vida eterna" (Mugica 118)

Las tesis de la Teología de la Liberación se articulan en los textos políticos, teatrales y lírico-populares, en la aparición y aceptación de la materialidad del cuerpo como un aspecto fundamental para la existencia, pero sin negar necesariamente el aspecto espiritual. Empecemos por la escena política. En los siguientes discursos se enfatiza la libertad espiritual a pesar de la prisión material, e indirectamente, afirman la presencia de algo más allá de lo material en los miembros del cuerpo político; aquellos que sufren el control y la censura desde la cabeza del cuerpo: la dictadura, tienen el espíritu que se les niega y que no es . patrimonio exclusivo de la "Revolución Argentina".

En los discursos de Agustín Tosco encontramos el eco a esta posición cuando afirma poseer un cuerpo al que corresponde un espíritu fuerte que no es posible apresar. El sindicalista dice tener "fortaleza e integridad de su espíritu"; un espíritu que no ha podido ser debilitado a pesar de "los años de cárcel y de represión física. No hay celdas, barrotes, ni candados que aprisionen, o lesionen, o anulen, la dignidad del hombre que lucha" (Tosco 171).

La proximidad metafórica entre la propuesta de Tejada Gómez y los textos de Tosco es notable y revela una notable contigüidad ideológica. La "Coplera del Viento" de Tejada Gómez dice: "'Tuve un amigo aquí cerca, corazón de palomar/le vieron viento en los ojos, no lo dejaron pasar." En esta estrofa la imagen de la represión del cuerpo inmovilizado contrasta con la movilidad y la inasibilidad del "viento en los ojos" que, al igual que el espíritu del discurso de Tosco citado, mantiene la libertad. El cuerpo encerrado tiene, a pesar de ello, movilidad y una capacidad de ver que muta con ese movimiento.

En la caricatura incluida en la Primera parte de este ensayo, ya se había dicho que la verdadera prisión no es la que controla el cuerpo/material, sino la que controla el espíritu: tanto el carcelero como el preso se consideran privados de libertad. (Ver imagen en el acápite 1-La ruptura como frontera: una muralla imaginaria de la Primera parte).

4-"Que cada uno haga lo suyo": La jerarquización de los miembros del cuerpo político

La supresión de toda mención del cuerpo como referencia real a los cuerpos concretos de los ciudadanos, es evidente en la retórica de Onganía. En su discurso se habla del "cuerpo social" o de "organismo" pero jamás se pluraliza y reconoce este cuerpo en los cuerpos varios y concretos de los ciudadanos argentinos. El "cuerpo" es solamente un concepto abstracto que sirve en su retórica para justificar la política de control desde la que, metafóricamente, se ha planteado como la cabeza de dicho cuerpo. Su discurso adelgaza la realidad hasta caracterizarla en términos puramente espirituales. Esta especie de mutilación material ocurre a dos niveles: en primer lugar en el nivel del lenguaje, con el absoluto borramiento de los términos corporales/ materiales y, en segundo lugar, en el nivel de los lineamientos políticos, que suprimen la comunidad concreta, el "pueblo" y los "ciudadanos" y los reemplaza por un concepto abstracto de "nación"; lo anterior, consecuencia de una lógica de un discurso político y social que se caracteriza por la pérdida de los referentes y que tiene la función de proveer un consenso ideológico y político para la dictadura de la "Revolución Argentina".

Desde su inicio, el 28 de junio de 1966, la "Revolución Argentina" había declarado estado de emergencia y había suspendido todos los derechos de expresión, movilización y participación política con el fin de poner en marcha el proceso de "ordenamiento y transformación". El 1° de abril de 1968, en el texto leído en la Reunión de gobernadores de Provincias, a casi dos años de la Revolución y bajo el subtítulo "Participación de la comunidad en las decisiones del gobierno", Onganía todavía afirmaba que, si bien es a la comunidad a quien le corresponde realizar la "Revolución Argentina", "por motivos circunstanciales[...] el Gobierno de la Revolución [...]optó por prescindir de la participación de la comunidad en la tarea inmediata" (7: 16). De manera explícita la comunidad queda excluida en el proceso; en el mismo documento, aparece un llamado a la comunidad a dar su opinión bajo el subtítulo 'Participación de la Comunidad' que dice así:

> Queremos que se escuche la voz de la verdadera Argentina, la voz de los hombres y de las mujeres de cualquier condición[...]la voz de las provincias[...] la voz de los sindicatos[...] la voz de nuestros profesionales, técnicos y científicos[...] la voz de la industria[...] la voz del hombre de campo. (24)

La incoherencia entre las dos afirmaciones revela el intento de manejar la tensión que Onganía soportó durante su gobierno. La contradicción, entre participación y exclusión de la comunidad, es un artificio retórico que revela la tirantez existente entre liberalismo y corporativismo. El gobierno estaba dividido entre el proyecto paternalista corporativista en el que Onganía quería incluir a la "comunidad organizada", y la necesidad de imponer el "orden" necesario para el cumplimiento del plan económico de "normalización", diagramado por el equipo económico liberal del gobierno y apoyado por el sector liberal de las Fuerzas Armadas y la alta burguesía junto con los intereses internacionales.

Resulta claro, sin embargo que, en el caso de una eventual participación de la comunidad, esta tendría que darse de manera perfectamente controlada. El discurso de Onganía establece una jerarquía para los miembros del cuerpo político, organismo que necesita que cada uno cumpla su rol específico para asegurar su supervivencia en un momento en que "está en juego el ser de la República" (4:12). Es indispensable entonces "que cada uno haga lo suyo" (4:13). Solo así será posible que "la Nación se encamine sin tropiezos ni discrepancias, pero con toda decisión, hacia el logro de los altos fines de la "Revolución Argentina" (5:7).

Desde el ángulo de los paternalistas se veía la "participación" de toda la sociedad, como la única esperanza de evitar el avance de la crisis que, a raíz del Cordobazo, vivía el gobierno de la Revolución. Se creía que esta "participación" haría posible todavía la utopía de integración y solidaridad que había quedado explícitamente desintegrada desde mayo del 69 (O'Donnell 175-6). Este esfuerzo por "organizar la comunidad" aparece en el intento de lograr la "participación" de la sociedad entera para integrarla dentro del cuerpo político-público.

Volvamos ahora a la escena teatral. En relación a lo anterior, el cuadro de "Las torturas" de *El avión negro* adquiere sentido, en cuanto parodia la institución y el propuesto orden jerárquico de los miembros del cuerpo político con la cabeza guía frente a la obediencia y sumisión de todo lo demás:

> somos una comunidad y hay que entenderlo, ¿Que nos pasaría si las cosas cambiaran de lugar?... Todo sería al revés, y el sol saldría de noche y las manos querrían comer y el estómago cantar. ¡Y no se puede! Las cosas cambiarían de sitio y las cosas no pueden cambiar de sitio, así fueron hechas y así deben quedar... deben seguir siendo siempre como son, inmutables, eternas, querido corazón. (122)

El parlamento subraya, además de la jerarquización estricta y "racional" del cuerpo político nacional, el vínculo que esta concepción tiene con el afán de que nada cambie, con el apego a la tradición justificada en un orden jerárquico eterno e inmutable que de cambiar causaría grandes trastornos incluso en el orden de la naturaleza en la que, en ese caso, "el sol saldría de noche". En la escena teatral, la alegoría de la institución del orden desdobla y subvierte la imagen del cuerpo político y la jerarquización de sus miembros que, como acabamos de ver, había aparecido en el discurso corporativista de Onganía. El significado del texto se hace más fuerte si consideramos que es, justamente, el torturador el que dice guardar el orden conservando las cosas "inmutables, eternas"[49]. El texto echa luz sobre la incoherencia retórica, del discurso de Onganía; descubre la conexión entre el mantenimiento del orden y la finalidad de proteger un modelo de acumulación que había regido la Argentina hasta entonces, y que se trataba de mantener con el plan de "normalización".

La nación como un organismo con miembros estrictamente jerarquizados y controlados, aparece también, aunque con un matiz distinto, en el texto del "Plan Político de la Revolución Argentina" que Levingston auspicia en 1970 y que incluía la propuesta de un diálogo con los partidos políticos. Según este, el dialogo entre el gobierno y los partidos es "vertical", mientras que el dialogo "horizontal" se da entre los miembros de "la sociedad misma, entre los ciudadanos" (33). Esta verticalidad absoluta niega la posibilidad del diálogo entre el gobierno y los ciudadanos.

Con el paso del tiempo, se observa el distinto modo en que empieza a funcionar la metáfora del cuerpo político. Esto se debe a las distintas circunstancias históricas y políticas presentes en las dictaduras de Onganía y Levingston. Para Onganía era importante

---

[49] Aristóteles también sostiene el derecho del estado totalitario, "El todo es necesariamente anterior a las partes; si por ejemplo el cuerpo en su totalidad es destruido, no habrá ni manos ni pies..." (*Aristotle, Politics* (1253a), I, 4-5, citado en Hales 21, mi traducción). Esta tradición estuvo presente como un concepto importante en la filosofía estoica, en la teología cristiana y en las Monarquías de la Europa medieval.

afirmar la sabiduría que le adjudicaba el poder para tratar de imponer el orden y conseguir así que los sectores que se habían desbordado en el Cordobazo volvieran a su "cauce", mientras que Levingston tenía la esperanza de poder dialogar con los sectores excluidos de la vida política. Sin embargo, aun así, el diálogo que Levingston proponía no era tal, pues no incluía la comunidad; se daba en una dirección vertical con los partidos políticos y en él no entraba la comunidad.

Los textos de Levingston y Lanusse muestran la progresiva apertura—aunque restringida—para la participación política a raíz del Cordobazo, hecho que abre la brecha en los muros del Estado y muestra la posibilidad de traspasar los límites que este había impuesto a su inicio en 1966. Por ello, el discurso de Levingston no llama al orden sino a la participación perfectamente controlada. El significado de esta "participación" en el discurso de Levingston excede el contenido del recurso retórico de Onganía, en cuanto expresa el deseo de poner en práctica una política nacionalista de "argentinización de la economía". Levingston se negaba a rendir el poder político-del que él era representante en ese momento- al poder económico de los liberales que habían dirigido la política económica argentina durante la presidencia de Onganía. En "Lineamientos del Plan Nacional de Desarrollo y Seguridad 1971- 1975" había afirmado que eran las empresas de "capital extranjero y las grandes empresas que pertenecen al Estado" las que tenían en sus manos los sectores más dinámicos y las industrias más rentables", lo cual constituía según Levingston, una "frustración y una responsabilidad argentinas". Por ello continúa,

> la Ley de Compre Nacional... tiende a corregir una anomalía de nuestro funcionamiento económico por la cual el poder de compra de todas las entidades empresarias esta-

tales no se orientaba en forma intencionada y concreta a crear y apoyar el desarrollo industrial argentino". (11-12)

La posición nacionalista de Levingston, que intentaba independizarse de la Junta que lo había nombrado y de sus intenciones liberales extranjerizantes, atemorizó a la alta burguesía ligada con el capital transnacional y aceleró el cambio de gobierno en el que Lanusse, representante de la facción liberal del Ejército, tomaría el poder. Levingston intentaba conseguir una base social para el estado, una posibilidad para conseguirlo era abrir espacio para aquellos que habían estado proscritos de la vida nacional, de manera que le permitiera conservar su autoridad. Pero aun así, la jerarquización en la participación de los miembros del cuerpo político aparece como la condición que debe ser estrictamente respetada por los partidos políticos si quieren entrar en diálogo con el gobierno, como se ve en sus "Bases para un Plan Político" que dice: "creo que el estatuto de los partidos políticos que se dicte será el instrumento a través del cual se irán canalizando las opiniones políticas argentinas. Esas opiniones políticas se irán reestructurando" (Diálogo 13).

El control evidente en la "canalización" obligada de las acciones e intervenciones de los partidos políticos, corresponde a una jerarquización y orden que deberán respetar los miembros del cuerpo político en su accionar civil. Levingston, en este documento, invita a la participación "real" de los "miembros" del cuerpo social, pero sin dejar de establecer claramente, su sujeción y dependencia con respecto de la cabeza del cuerpo nacional, el Jefe de Estado, representante de la "Revolución Argentina". Los partidos políticos serán considerados solo cuando "tengan auténtica representatividad y probada ideología democrática". Esto último por supuesto y por definición según los discursos de la dictadura y sus tres representantes, significa la coincidencia con las metas y los métodos de la "Revolución Argentina".

Apenas tres meses más tarde, el 31 de marzo de 1971, Lanusse, en la "Directiva General de Gobierno del Presidente y de la Nación", habla también acerca de la participación: en este caso, ella "... no implica la subordinación de las decisiones fundamentales del Gobierno a un debate público, sino simplemente, la consulta oportuna y adecuada[...] cada vez que se eleve una iniciativa trascendente". En este caso como en el anterior, lo que se considere "trascendente" depende totalmente del criterio de la dictadura.

En el mismo año, la revista *Análisis*, del 26 de julio, en un comentario, que se articula metafóricamente con *Ceremonia al pie del obelisco*, comenta la locura generalizada que, en la escena, se había visualizado, y señala la exclusión política de los sectores sociales, refiriéndose al estado de la sociedad argentina:

En rigor la no participación popular en la cosa política nacional produce dos hechos conexos: los sectores populares se sienten alienados en un universo dentro del cual los rigen fuerzas que no pueden controlar ni conocen bien; consecuentemente son esos mismos sectores los que sienten como, todas las normas que no pueden explicarse y que de hecho, frustran y deforman una sociedad cada vez más hostil. El texto de *Análisis* afirma, desde el punto de vista de la sociedad, que ésta siente las medidas tomadas por la dictadura como irracionales, deformantes y causantes de la infelicidad colectiva.

Sin embargo, la apertura ha ido apareciendo paulatinamente. En el discurso de Onganía "participación" significaba sujeción a los roles y respeto a los "cauces" de la Revolución; en Levingston es una "participación" en la que solo tomaran parte los "representantes auténticamente democráticos" y en Lanusse la participación o apertura excluye solamente a los grupos guerrilleros, pues acepta incluso al peronismo que había estado excluido de la nacionalidad. Pero todavía esta participación está limitada a ser "una consulta oportuna y adecuada".

Esta gradación en la supresión del cuerpo de la comunidad que paulatinamente empieza a aparecer, aunque sea controlado, tiene su correlato en el funcionamiento de la retórica de los discursos líricos y sobre todo en la escena teatral. El Cordobazo abrió el camino: a partir de 1970 el cuerpo se resiste a la desaparición simbólica física y política. Posteriormente al Cordobazo y a partir de Levingston (1970) y más aún con Lanusse reaparecen en el discurso de la "Revolución Argentina", "el pueblo" y la "ciudadanía"; esta reaparición coincide con la efervescencia del cuerpo en los escenarios teatrales y en la canción popular.

5- La obstinación de los cuerpos. La aparición de lo reprimido

>Ya avanzan los pobres de todos los lugares,
>
>los acompañan los jóvenes,
>
>los saludan los viejos, los esperan sus hijos.
>
>Padre Rafael Yaccuzzi,
>
>"Carta Abierta al general Onganía"
>
>(*Cristianismo y revolución*, julio, 1969).

La supresión de los cuerpos tanto en el nivel del lenguaje como en el nivel de la acción política se observa, inicialmente, en el discurso de Onganía como una mutilación ritual por la que tiene que pasar la Argentina para que sus miembros puedan ser reintegrados a la homogeneidad colectiva, fundamental para la recuperación de la "esencia" y la paz nacional. El ritual es la "Revolución Argentina" misma; el sacerdote oficiante, las Fuerzas Armadas; ellas son su ejecutora y su guía espiritual, pues están investidas del espíritu necesario para la celebración de este ritual de conciliación y purificación de este cuerpo que es la Argentina. Las Fuerzas Armadas sienten "la esencia de la patria desbordando los espíritus" (Onganía 3:9) y cuentan, además, con "la protección de Dios" (Onganía, nov. 1966) para llevar a cabo esta "mística nacional y revolucionaria" (Levingston 4 de diciembre 1970, 5).

El consenso tácito inicial basado en el silencio y en la ausencia de los cuerpos en la retórica del poder, la no intervención de los partidos políticos o de las expresiones públicas, característica de los primeros años de la "Revolución Argentina", asoma en la escena teatral del momento. En las imágenes corporales de *El campo* de Griselda Gambaro (1968) el cuerpo ocupa gran parte del drama. Es el cuerpo de Emma—la prisionera de Franco en el campo—que sale constante y violentamente a nuestro encuentro. En el escenario se despliegan heridas, cicatrices, comezones, gemidos y olores corporales. El personaje de Gambaro, a lo largo del drama, se rasca incansablemente la "mano podrida", luego vendada y cicatrizada; el personaje carece de pelo y le "han arañado la cara" y "tapado la boca" (71).

> Tengo... un escozor en todo el cuerpo... Acá sí, tengo una costrita. (*La arranca*). Por lo menos hay algún signo. Pero cuando uno mira la piel y nada, tersa, blanca, ¿de dónde viene la picazón? ¿De adentro? (*Ríe. Un silencio. Continúa rascándose*) (31).

El cuerpo de Emma, grotescamente presente en el escenario pretende, con gestualidad impostada, ser una pianista elegante que intenta ocultar lo que todos vemos: un cuerpo destrozado. La farsa frente a Franco completa el significado y se vuelve indispensable para la comprensión del discurso de Gambaro. La escena sugiere una realidad corporal que se quiere ocultar pero que puja por aparecer—costras, cicatrices, pelucas, etc. —y es, sistemáticamente, negada por Franco y por la misma Emma; ella aún ante la evidencia de la presencia de su cuerpo maltratado prefiere ignorarlo. El personaje elije no ver lo que le pasa y esconde con su actuación la realidad que pretende invisibilizar. Toda la escena toma la perspectiva de lo no dicho, de aquello imposible de articular en ese lugar, "el campo" donde manda el general Franco.

Por otra parte, *El campo* es una mímica grotesca de la retórica del discurso de Onganía. Al igual que éste y su discurso, la escena niega con acciones lo que palabra dice; por ejemplo, el dictador llama y veda la participación del cuerpo ciudadano simultáneamente. En *El Campo* es evidente la discrepancia entre la palabra—Franco habla con suavidad y elegancia—y lo que observamos y escuchamos en la escena. La gestualidad amenazante junto a las palabras que hablan de cuidado; la afirmación de Franco que dice curar al cuerpo de Emma, mientras lo tortura y lo reprime. *El campo* escenifica la represión del cuerpo social material, por parte del "orden" impartido por la autoridad máxima, Franco que es el militar que está a cargo de "el campo".

La supresión del cuerpo, que según la dictadura era indispensable para dar vida a la Argentina y que como vimos ya había sido denunciada por *El campo* significa, desde los discursos de la resistencia, la muerte. Veamos algunos de estos discursos. Perón en el mes de junio de 1969, ante los intentos de suprimir el/los cuerpo(s) social(es) del espacio nacional, afirma que la supresión del cuerpo de la comunidad es el camino hacia la muerte:

> Parar lo político y social en procura de desarrollar unilateralmente lo económico sería como pretender parar la vida de un cuerpo humano dejando subsistente la circulación

en procura de dominar la anemia. Su desarmonía funcional terminaría en un solo punto: la muerte. (Baschetti 372)

La Argentina, según este discurso, es un cuerpo al cual se intenta quitarle la vida, suprimiéndolo del espacio nacional e inmovilizándolo mediante el "orden"; sale a luz la contradicción que va en el mismo sentido de participación versus no participación que acabamos de ver. Al mismo tiempo que se inmoviliza el cuerpo político, se pretende conservar el flujo económico de la circulación que según el discurso de la dictadura traería la "normalización". Esta "desarmonía funcional" causará, según Perón, la "muerte" de la Argentina. Perón, al mismo tiempo que censura la supresión del cuerpo de la sociedad civil del espacio nacional, objeta el núcleo mismo de la "Revolución Argentina" y señala que lo que en los textos de Onganía aparece como la forma de rescatar el país—orden y control para la normalización económica—constituye la muerte, como lo había expresado ya la escena de *El campo*, aunque esta última agregaba la complicidad como coadyuvante para llegar a ella.

Mucho más violentas y frontales son las maneras en que aparece el cuerpo en los discursos posteriores al 69. El Cordobazo había significado realmente la ruptura entre un mundo que nace y otro que termina, marcada, tal como la describe Anzorena, por dos características: la comunión obrero-estudiantil y el predominio del interior sobre la capital. El estallido social de El Cordobazo había rasgado la censura de la palabra y de la cerca metafórica que inmovilizaba a los cuerpos hasta ahora suprimidos tácticamente del discurso del poder y de la escena teatral por la censura. Ellos ahora pugnan por aparecer.

A partir de 1970, en los escenarios políticos, teatrales y lirico-populares, los cuerpos se despliegan e inundan la ciudad con su presencia física; ellos saltan al espacio público prohibido obligando a la mirada a reconocerlos, al mismo tiempo, causando un movimiento de desplazamiento. Ante las repercusiones de la explosión de El Cordobazo, Krieger Vasena, cabeza del plan económico de la "normalización" del gobierno de Onganía, se vio obligado a "abandonar" el Ministerio de Economía, concretando este desplazamiento en el área política del poder administrativo de la Dictadura.

Este cambio en los acontecimientos históricos de la Argentina repercute en todos los discursos y el cuerpo asoma insistentemente en el escenario teatral. Por otra parte, aunque en el discurso oficial hacia 1970, la metáfora del cuerpo sigue apareciendo en el discurso de Levingston, ahora cabeza de la "Revolución", ésta manifiesta cambios importantes: la metáfora de la nación como organismo tiende a desaparecer, al mismo tiempo que observamos el reconocimiento de la presencia física de aquellos cuerpos que habían sido excluidos de la nacionalidad por el discurso de Onganía. Levingston, en su discurso del 29 de septiembre de 1970, reconoce su existencia:

> deseo interiorizarme en forma personal y directa en estos casos y recorrer asilos de ancianos, de huérfanos, de enfermos mentales, barrios de emergencia, porque allí hay seres humanos con problemas angustiantes que la sociedad descuida. (24)

El cambio de tono y de vocabulario para referirse a los "barrios de emergencia" sugiere el reconocimiento de cuerpos habitados por seres humanos que habían sido ubicados en espacios antes exiliados de la argentinidad; esto parece señalar una intención de apertura de parte de la dictadura militar. Sin embargo, y de acuerdo a O'Donnell, esta expresión de la preocupación por los sectores menos favorecidos no le ayudó a Levingston a conseguir la base social que necesitaba para su proyecto nacionalista, pues a cambio de su reconocimiento y de políticas mas beneficiosas quería una colaboración subordinada a su gobierno, tal como la había definido cuando hablaba verticalmente de "participación".

6-La emergencia del cuerpo en la escena teatral

Simultáneamente, a la leve y dudosa aparición del cuerpo en el discurso de la dictadura y sobre todo a la manifiesta y explícita aparición en El Cordobazo, la metáfora del cuerpo aparece cada vez con más fuerza y en forma muy concreta, explícita y potente, en los discursos teatrales y líricos. La historia había dado un giro que había cambiado las relaciones político-sociales; en consecuencia, su articulación metafórica tenía que ser diferente. Ahora se caracterizaría por la transparencia de la metáfora abandonando la opacidad que hemos visto, por ejemplo, en *El campo*. Las manifestaciones políticas y de manera muy especial el Cordobazo, obligan al reconocimiento de la presencia material de los cuerpos proscritos por el discurso de Onganía. Esto encuentra su correlato en la insistente presencia, ahora sin tapujos, del cuerpo en la escena teatral.

"Tiempo de fregar, un teatro en carne viva"

Primera Plana, 15 de abril de 1969

Un claro ejemplo de esta efervescencia de los cuerpos particulares, concretos, desafiantes, lo encontramos en *Tiempo de fregar*, representado en el Instituto Di Tella, con la dirección de Roberto Villanueva. Desgraciadamente no hay versión escrita de este espectáculo, cuento por ello solamente con el Programa, las crónicas periodísticas y las fotografías facilitadas por el Instituto Di Tella.

El espectáculo no está representado sino "encarnado" por los actores, tal como lo describe su director, Roberto Villanueva en el programa de mano. Según la crónica de este espectáculo, aparecida en el número 329 de *Primera Plana*, el 15 de abril de 1969, la presencia del cuerpo en primer plano es el "triunfo de lo sensible por encima de lo coherente" y "abre perspectivas insólitas en un medio habitualmente pacato y que tanto se eriza ante lo corporal". Vuelve a aparecer una imagen que parece dialogar con la idea del "nene"--el argentino infantilizado, que inevitablemente depende del Padre. Este se representa, en palabras de Villanueva

> como una degeneración humana y que en la culminación del espectáculo se propone como un monstruo engendrado, dos muchachos semidesnudos atados con tiras de trapo, espalda contra espalda, con gorros de goma y movimientos espásticos. [La invención es magnífica en su horror] este coleóptero atroz podría ubicarse sin desmedro en cualquier infierno de Hyeronimus Bosch, y su andar reptante y asqueroso por el escenario—en tanto que sus intérpretes gimotean, escupen, succionan, resoplan—es una inolvidable visión del Apocalípsis. (Programa de mano)

La exhaustiva presencia escénica del cuerpo, recuerda al cuerpo degradado del padre en *Chau papá*, pero en este caso, es el "nene" el que se encuentra deformado por la dependencia del padre, al igual que los hijos fieles incestuosos en la escena mencionada en la que aparecían inútiles y animalizados.

Ceremonia al pie del obelisco (1971) también responde a esta modificación presencial del cuerpo y construye un discurso adyacente a la teatralidad de las manifestaciones políticas. En ella, los cuerpos de diferentes sectores sociales de la Argentina se reúnen alrededor del Obelisco invadiendo el símbolo oficial de la nacionalidad". En la escena convergen tanto los inmigrantes del campo, como los obreros de la ciudad y las autoridades gubernamentales. Todos los cuerpos luchan por ocupar el mismo espacio, y se resisten a confinarse dentro de los muros que separan el "aquí" del "allá"; insisten en romper el límite que inicialmente habían marcado los discursos de la dictadura, tal como vimos en la Primera Parte.

Esta invasión de los cuerpos, que emergen de un espacio hasta aquí invisibilizado, está escenificada también en *El avión negro* (1970). En el episodio de "La sirvienta", asistimos al barrio donde vive la gente de clase media invadido por la emergencia de estos cuerpos extraños, nunca vistos. La mujer de clase media, ante su aparición y mientras cierra puertas y ventanas, murmura: "Los colectivos atestados... El mal olor" (27). Más claro aún es el sentimiento de terror y de rechazo en el episodio de "La Familia" cuando primero escuchamos la exclamación de asombro: "¡Qué impresionante!... Son muchísimos..." (99-100) y luego la pregunta de la hija acerca del origen y el lugar donde "toda esa gente" ha estado hasta entonces, a lo que el padre responde "En su lugar, nena, ¡en su lugar... ¡Trabajando!" (101). El texto pone en evidencia la actitud de la clase media y alta argentina que mira al trabajador pobre y marginal como algo radicalmente diferente, un "otro" que no tiene cabida ni en la ciudad "civilizada" ni en el espacio nacional.

De manera similar, en *Historia de la clase media argentina* (1971) de Ricardo Monti, la escena expone la perspectiva de la "gente bien" burguesa del barrio norte y muestra cómo, desde esa perspectiva y ante ese mundo que ahora se visibiliza, estos seres, los "otros", son basura contaminante que viene a ensuciar su espacio, acarrean peligro de muerte para la 'argentinidad". Esto es similar a la definición del submundo infrahumano de los "otros", en el discurso de Onganía emitido desde la/su perspectiva del mundo "moderno" del Buenos Aires, "civilizado" y "culto".

Es la "Madre" de familia, que escucha las noticias del radio, la que da testimonio de la aparición de estos cuerpos, que ante sus ojos no son humanos, y ponen en peligro la "civilización":

> Turbas. Turbas desaforadas y malolientes. ¿Cómo se atreven a poner sus pezuñas sobre esos panteones de la argentinidad? Turbas... Animales repugnantes. Se burlan de todo. De nuestras leyes, de nuestro arte, de nuestra civilización... ¡Quieren cambiar nuestro modo de vivir, de pensar, nuestro way of life! (31)

Con ironía, la escena pone precisamente en duda la "argentinidad" de la voz que dice defenderla; acentúa su carácter híbrido no puramente argentino, cuando termina la locución afirmando "Quieren cambiar nuestro modo de vivir, de pensar, nuestro our way of life". El texto evidencia el perfil extranjerizante de la burguesía y denuncia la falsedad del concepto de "argentinidad" que desde ese lugar se maneja.

Estos "seres extraños" entran a la Capital cantando al son del bombo. Ellos vienen "buscando una vida mejor", y persiguen "un sueño lejano y bello". Para los habitantes del espacio "culto" esta invasión representa la violencia y el peligro de contaminación y de muerte. Sin embargo, la canción del espectáculo revela que el temor no está tampoco ausente de estos cuerpos invasores que ocupan, por primera vez, un lugar para ellos desconocido (50).

En forma mucho más violenta, las imágenes corporales del interrogatorio al obrero en *Historia de la clase media* confrontan el orden y las leyes vigentes en Argentina a partir de la "Revolución Libertadora" que da inicio a la dictadura del General Pedro Eugenio Aramburu y a los hechos violentos que le sucedieron[50]. Mientras las didascalias describen cómo *"un hilo de sangre comienza limpiamente a caer de La boca del obrero"*, el interrogador pregunta, "¿Dónde estabas en la madrugada del 9 de julio de 1956?". A esta pregunta, repetida varias veces, el obrero responde:

> Me desgarraba, entre silencios y jadeos, esa madrugada del 55"... Fumaba un cigarrillo, frente a la ventana... Caminaba solo por la calle"... Orinaba... Copulaba... Gritaba, en sueños... No tenía mi rostro congelado por la mueca del terror... No estaba tirado entre basura y podredumbre...No giraba sobre el vientre perforado... No tenía mi cabeza hecha pedazos...No tenía mi cerebro derramado entre latas oxidadas... ¡No estaba muerto! (32-33)

---

[50] El 9 de junio de 1956 se produjo un levantamiento cívico-militar contra la dictadura militar de Aramburu y Rojas, liderado por el general Juan José Valle… La dictadura decidió efectuar un castigo ejemplificador y completamente inusual en la historia argentina del siglo XX, disponiendo el fusilamiento de los sublevados. Entre el 9 y el 12 de junio de 1956 veintisiete civiles y militares fueron ejecutados (http://www.elortiba.org/old/1956.html), entre los cuales hubo personas que no tenían nada que ver con lo ocurrido, tal como lo narra, en la misma página, Pablo José Hernández, en la sección titulada Cronología de 27 fusilamientos: "En los Basurales de José León Suárez se realizaron fusilamientos clandestinos y murieron un grupo de civiles que habían sido detenidos la noche del 9 mientras escuchaban un match de boxeo en una sencilla casa de Florida".

Este torrente de verbos y adjetivos, que aluden al cuerpo y sus funciones animales vitales, construye, desde la perspectiva del obrero, la denuncia de que el espacio para la vida—antes de 1955— se había convertido en un espacio para la muerte, en referencia a los fusilados en los basurales de León Suárez. Según la escena, el mismo cuerpo "obrero" que antes fumaba, cantaba, orinaba y copulaba, ahora está dominado por el terror y se encuentra reducido a un desperdicio, tiene su cuerpo no solo destrozado sino muerto.

En la lírica popular sucede algo parecido. El rock *Apremios ilegales* de Miguel Cantilo dibuja imágenes que sugieren una muerte similar y la tortura del "cuerpo social":

Apremios ilegales, abusos criminales

tu condición humana violada a placer.

Los perros homicidas mordiendo tus heridas,

y el puñetazo cruel que amorata la piel.

(Fernández Bitar 45)

El texto denuncia la tortura con imágenes carnales que deshumanizan a los guardianes del orden, descritos como "emisarios del mal" y "perros homicidas", cuya naturaleza contrasta con la humanidad del cuerpo torturado. La tortura aparece mediante referentes siempre corporales: "amoratada", "ojos rojos", y "un grito de loco que rompe la voz". La exhibición del cuerpo en el momento mismo de ser suprimido, y que aparece maltratado por el sistema del orden, habla tanto de la resistencia de los cuerpos a su desaparición, como de la inhumanidad del sistema legal, que ahora aparece coma "ilegal" y monstruoso. Al respecto De la Puente señala que el autor centra su atención en los grupos parapoliciales... "se sorprende que la denuncia se haga ya en este momento a nivel social... el autor (Cantilo) hace un inventario completo de las técnicas de tortura (picana incluida). Así como la 'carta de impotencia implícita en este tipo de cruentas acciones. (62)

En todos estos discursos políticos, líricos y teatrales posteriores a 1969, el cuerpo sale a la superficie o aparece en el centro de la ciudad en forma percibida como anacrónica, en un desplazamiento que contrarresta su ausencia—en el caso del discurso de Onganía—y su limitada presencia—en los casos de Levingston y Lanusse.

El encuentro sorpresivo y obligado de estos cuerpos que salen a nuestro encuentro fuerza a admitir su existencia al mismo tiempo que, mediante la parodia, la ironía o la denuncia directa, se niega, desde la oposición a la dictadura, la animalidad que a ellos se les había adjudicado. En un contrapunto, estos discursos niegan la humanidad de aquellos que se dicen argentinos y que dicen defender la "argentinidad" tradicional, agregando el signo de pregunta y la crítica a la legalidad de las acciones de la "Revolución Argentina" y sus aliados.

7- El cuerpo: significante de la nacionalidad

Las distintas imágenes corporales, códigos que aluden a diferentes referentes políticos y sociales, revelan, al igual que en la metáfora del mundo escindido, la lucha por la definición de la identidad argentina. Es muy distinta la imagen con que se muestran los militares representantes de la "Revolución Argentina" en sus discursos y aquella con que los pintan la letra del rock, los folkloristas, los obreros dirigentes sindicales, el sacerdote cristiano, o los habitantes de las villas miseria.

El argentino descrito en el discurso de Onganía debía tener como condición *sine qua non* el respeto a la tradición para preservar "la argentinidad"; era necesario sacralizarla y adelgazar, hasta casi hacer desparecer, la tolerancia hacia lo diferente, actitud que había permeado las más diversas capas sociales. La "Revolución Argentina" necesitaba, por ello, controlar las imágenes corporales, pues ellas funcionan como indicadores de la identidad o de la exclusión respecto de lo que se ha predefinido desde su discurso como "lo argentino".

María Elena Walsh, en una entrevista publicada en *Confirmado* (1-27-71), cita la conversación con un taxista que ilustra bastante bien este punto. El taxista, refriéndose a un "hippie" afirma, "...yo a eshe tipo lo mataría porque usha (sic) el pelo largo." El código de la apariencia física, el pelo en este caso funciona como un indicador de la no pertenencia de este "hippie" al mundo argentino y al espacio de la argentinidad. La expulsión se fundamenta en que todo aquello que no responda a los códigos corporales tradicionales, y exhiba códigos distintos—"extraños de pelo largo"—son indicadores de una identidad "peligrosa" y amenazante, ajena a la argentina. La policía, el brazo de la dictadura realiza acciones concretas para eliminar estas presencias peligrosas para la argentinidad: las borra del espacio visible de Buenos Aires. Marcelo Fernández Bitar en *Historia del Rock en la Argentina*, cuenta que en el periodismo el rock se conocía solamente por las "amarillentas crónicas policiales":

> La policía... se llevó detenidos a 14 sospechosos para averiguar sus antecedentes que, a juzgar por sus largas cabelleras, pantalones ajustados de colores chillones, su corta edad, deben tenerlos, y mucho, pues su audacia es propia de delincuentes. (Bitar 41)

La anécdota testimonia como el pelo y la vestimenta no coherentes con la "tradición argentina", son suficientes para convertir a estos jóvenes en peligrosos delincuentes y justifica la necesidad de que sean recluidos, es decir separados del espacio visible de la nación. Y esta mirada censuradora a todo lo que salga del patrón enmarcado de lo que se entiende como la "gente decente" aparece también en algunas cartas de los lectores a los medios de prensa. Por ejemplo, en una de las cartas a *Panorama* (No. 41 de octubre de 1966), se critica a los integrantes del Teatro Independiente. A propósito de una nota sobre este teatro, una señora escribe:

> Ocurre que yo soy vecina de una de esas casas y sufro en carne propia la consecuencia de nuestra 'vida intelectual'. Gente rara y de costumbres irregulares—melenudos, mujeres liberales, jóvenes afeminados—sale a toda hora del teatro. Yo pregunto: ¿para ser culto o intelectual hay que ser raro? Tengo idea de que los intelectuales más prestigiosos son gente bien..."[51] (12)

---

[51] Este conservadorismo condujo también al cuestionamiento del Di Tella como "disolvente de las buenas costumbres", lo que le llevó a encontrarse atrapado entre dos fuegos, puesto que "figuraba [como] la antítesis del modelo predominante del intelectual comprometido, obstruyendo así la comunicación entre vanguardia artística y política". Todo ello relacionado con la polémica desatada entre los llamados "realistas" y "absurdistas" a cuenta de la escisión en la producción teatral entre propuestas como *Soledad para cuatro* de Halac o *Nuestro fin de semana* de Cossa, por una parte y *El desatino* de Gambaro por la otra, que fue preestrenada precisamente en el Di Tella en 1965 (Terán 143). Se entiende entonces que Rodolfo Walsh declare a la revista *Siete días* que "el Di Tella coincide con el surgimiento del gobierno militar y pese a posturas revolucionarias formales los espectáculos "revolucionarios" de vanguardia se trocaron en una válvula de escape al sistema, en una especie de actitud revolucionaria inofensiva e institucionalizada" a lo que el artículo agrega que por ello "se transformó en una sutil técnica para enmascarar la realidad argentina"("Nacionalizar a toda costa", Junio 1970 s/p)

Desde una perspectiva similar, la censura de una imagen corporal que no se adecúe a lo que el discurso del orden ha definido como la "nacionalidad argentina", aparece en la canción "Cortáte el pelo cabezón", grabada en 1973 por el Cuarteto de Oro, con música y letra de Aldo Kustin, Ramalo y Tito Valdez. En ella se canta al argentino de pelo largo y se le aconseja cortarse el pelo. El texto sugiere que el pelo largo causa en el "cabezón" la pérdida de dos de sus facultades fundamentales: la vista y el oído. La ruptura del modelo tradicional de lo que se entendía, según esta perspectiva como "lo argentino", torna a los "cabezones" en discapacitados. Ellos, no pueden ver ni oír, no pueden entender ni observar la realidad y por tanto tampoco participar de la vida nacional.

A estos "extraños" se les censura no solo su aspecto exterior, sino también su gestualidad y su movilidad. En Mar del Plata en febrero de 1969, se inauguró un local adaptado para las funciones de rock, situado en el Boulevard Peralta 2817. En el local,

> los supuestos asientos y mesas iban de neumáticos Fiat 600 hasta camiones Mac. Las gomas-mesas eran símbolos de la libertad absoluta ya que cada uno puede sentarse como quiere: del lado que quiere y en el ángulo que quiere, con las piernas adentro o afuera. Era una forma humilde, pero importante de mostrar el libre albedrío. (Fernández Bitar 35).

El control iba más allá de la imagen corporal, alcanzaba hasta la reglamentación de gestos y actitudes. Era esperable entonces que el lunes siguiente al viernes de la inauguración del local arriba descrito, el Inspector Municipal y sus dos colegas ordenaran que un camión retirara todos los neumáticos porque eran "antihigiénicos y de mal olor" y obligaran a que se colocaran mesas y sillas que exigían adoptar posiciones corporales convencionales y que no ponían en "peligro" las normas tradicionales de comportamiento. La construcción de los cuerpos que proponen estos discursos de la resistencia en la que aparecen la emoción, la libertad y la materialidad en forma distinta a la dictada por el orden de la dictadura parece afirmar el carácter diferente y concreto de lo que constituye "la real" Argentina.

Para 1971, el agotamiento de la "Revolución Argentina" y sus propuestas es evidente. Cuando Lanusse llega a la Casa de Gobierno, reconoce que la "pretensión fundacional" de la "Revolución Argentina" "estaba agotada", en vista de lo cual,

> lo único que podía hacer era buscar reconstituir la trama íntima que había unido, en el pasado, a la mayoría de los argentinos reales, dejando de lado la propuesta de hacer descender desde el poder político la santificación de las almas. (105)

---.---.---.---.---

Como hemos visto, la propuesta inicial de la "Revolución Argentina", expresada en el discurso de Onganía, había pretendido imponer un modelo de argentino ideal, crear "el ser argentino" de acuerdo con una definición preestablecida que sobredimensionaba la espiritualidad y la tradición y negaba la materialidad cambiante y libre de los cuerpos en su existencia real. El texto de Lanusse reconoce el fracaso de este intento y la necesidad de buscar la unión/identificación que los "argentinos reales" habían tenido en el pasado en un espacio anterior al de la "Revolución Argentina".

El reconocimiento de ciertas "fallas" de la "Revolución Argentina" relativiza su sabiduría y la de sus representantes. El texto de Lanusse muestra que la "Revolución Argentina" no tiene ni conocimiento ni perspectiva privilegiada, y que por ello ya no está situada por encima de la sociedad.

La materialidad que hemos visto emerger de las imágenes corporales de la escena lírica, teatral y política constituye, por una parte, el reclamo de pertenencia de los "argentinos reales" a la identidad argentina. El cuerpo nacional recobra su derecho a la visibilidad y a tomar sus propias decisiones y, por lo tanto, el derecho de pertenecer al espacio de la "argentinidad". Por otra parte, el énfasis en la simbiosis materia/espíritu es la negación de la propuesta de considerar la nación como un gran cuerpo político cuyos miembros carecían, según el discurso dictatorial, de espíritu, inteligencia y humanidad.

TERCERA PARTE

I- LA ARGENTINA, CUERPO DE MUJER: ENFERMEDAD, MANICOMIO Y CURA

El cuerpo nacional que hemos visto aparecer insistentemente en los textos políticos, teatrales y líricos de 1966 hasta 1973, toma la forma de un cuerpo joven, femenino o enfermo. El uso retórico de estas imágenes persigue, una vez más, la reafirmación del papel indispensable que se auto adjudica el Estado autoritario, respecto a la nación argentina.

A la vez, desde la resistencia se construyen discursos que responden articulando el concepto de nación no como cuerpo femenino fecundado, enfermo e inferior, sino como un cuerpo violado y devorado por los agentes de la "normalización" económica. La resistencia localiza la enfermedad, la desintegración y la muerte, no en los miembros del cuerpo político -como lo hace el discurso del Onganía- sino en la cabeza/Padre/el poder y en los grupos que eventualmente lo apoyan. En ciertos sectores de la oposición se reconoce también un país enfermo, pero como veremos más adelante, el diagnóstico y el locus de la enfermedad es radicalmente diferente al de la dictadura.

1. El cuerpo político de la nación feminizado

Según el discurso de Onganía, la "Revolución Argentina" posee la espiritualidad y la sabiduría que le otorgan el poder para guiar a la nación. Esta guía tiene como finalidad primordial la imposición del respeto a la moral y a la tradición "occidental y cristiana". La mujer, de acuerdo con esta tradición, está alineada con la pasividad, la muerte, la sensibilidad y el pathos, características que especialmente adjudicadas a los miembros del cuerpo nacional, resultan funcionales al propósito de imponer orden para la "normalización económica".

A la metaforización de la nación como cuerpo, se han agregado a este cuerpo[52], características que lo convierten convenientemente en un cuerpo femenino. Se proponen por ello las oposiciones típicas del pensamiento "binario machista" tal como las plantea Cixous en "Where is She": "Actividad/Pasividad", "Sol/ Luna", "Cultura/Naturaleza", "Día/Noche", "Padre /Madre", "Cabeza/Corazón", "Inteligible/Sensible" y "Logos/Pathos" (Moi 114-5). Las oposiciones que plantea Cixous, aparecen en el discurso de Onganía, en cuyos discursos el polo negativo y pasivo de la dualidad es el que corresponde a la nación feminizada que adquiere las connotaciones arriba señaladas por Cixous. En vista de esto, y tal como lo señalan los discursos de Onganía, la nación-mujer-joven-virgen-ingenua-ignorante necesita del polo opuesto que se identifica, en este caso, con la dictadura en tanto cabeza de ese cuerpo, que la guía, la cuida y le señala el camino correcto a seguir.

---

[52] En lo que sigue me referiré a los miembros del cuerpo nacional que excluye la cabeza, solamente como "cuerpo nacional".

Poética, política y ruptura

Esto encuentra ecos en discursos provenientes de posiciones cercanas a la dictadura. Por ejemplo, el obispo Antonio Aguirre cuando hace declaraciones respecto de la "inmoralidad" enfatiza la necesidad de educar a la mujer y evitar su "perversión", pues "el mundo es lo que son las mujeres" (*Panorama*, Año III, No. 200, marzo 1971). No solo el control y la sujeción de la nación se justifican retóricamente a través del control de una nación feminizada, sino que el hecho de que el mundo vaya mal parece adjudicarse a que las mujeres han sido "pervertidas".

Tal como hacía el discurso patriarcal más tradicional respecto de la mujer. a este "cuerpo nacional" ahora femenino, se le niega el espíritu, el conocimiento y la autonomía, en vista de lo cual es indispensable que el alma y la inteligencia, ambas localizadas en la cabeza de este cuerpo -la dictadura-, se constituyan en su guía.

El texto que Onganía lee, con motivo del sesquicentenario del Congreso de Tucumán y de la Declaración de la Independencia, el 9 de julio de 1966, sólo a unos pocos días de haber asumido la jefatura del Estado, presenta también correspondencias simbólicas con la elaboración tradicional que el tango hace de la mujer enfatizando así el paralelismo del discurso dictatorial entre la nación y las características que la tradición patriarcal ha adjudicado al sujeto femenino. La mujer/ nación es, en el texto de Onganía, aquello que se ha esperado y que al fin se alcanza: "una Argentina soñada con nostalgia o impotencia por tantas generaciones y que ahora y para siempre será nuestra Argentina" (Onganía 4:8).

El lenguaje romántico del texto de Onganía, recuerda la visión melancólica del mundo patriarcal que perfila el tango. Su discurso usa el lenguaje de la seducción sexual y la nación joven, la "Argentina soñada", es la mujer/ el objeto a seducir y poseer. La objetivización de la Argentina que y la pasividad correspondiente, contrastan con el accionar masculino de la "Revolución Argentina" (el agente masculino que la va a poseer) y apuntalan enfáticamente a la elaboración retórica que estamos planteando.

Según Onganía lo realizado por el Congreso de Tucumán, que dio inicio a la nación argentina es la ruptura de "la sujeción política" que "puso especial cuidado en preservar la tradición espiritual que movía a la joven república", para "resguardar la mayor fuerza de la Nación", "la dignidad y fuerza moral" (4:9). La nación es según este texto, una joven inmadura que necesita del cuidado del Padre "espiritual" que va a impedir su desvío de la tradición. A ella se le piden las cualidades, que según la tradición occidental y cristiana son constituyentes indispensables del ser femenino, por ello deben ser preservadas a toda costa.

El humor del periodismo del momento se hace eco de este afán protector y moralizante para ridiculizarlo; en el número 12 de *Satíricón*, en las ilustraciones de Gondrona White, bajo el título de "Haga de su hija una señora, señora", da consejos para que la "pequeña señora empiece su lento pero firme camino hacia la conquista del señorato..." de modo que "algún día será una señora con todo lo que hay que ser y tener".

Humorísticamente, sexualidad, tercer mundo y terrorismo quedan claramente identificados. Estos son los males que hay que combatir y con ello toda posibilidad de que la joven entre en contacto con esa realidad disruptiva de su "esencia".

De acuerdo al discurso de Onganía, "lo sustantivo del poder central es orientar, dirigir y controlar" (8:14), capacidades que posee la dictadura que es la única, según su discurso, que puede sacar a la nación de este "estancamiento" (Onganía 6:11). Sólo la protección del padre sabio y espiritual podrá infundirle vida -ánima- a este cuerpo nacional joven y femenino para que alcance un desarrollo virtuoso y sano.

7) **Orientación en las lecturas.** "¿tu libro? ¡Ahí en el fuego! ¡Leyendo porquerías de sexo y tercer mundo! Seguro que te lo prestó ese tirambombas."

Tanto las voces representantes de otros sectores políticos opuestos a la dictadura como del teatro desautorizan a la dictadura. Por ejemplo, desde la Teología de la Liberación, los textos de Mugica niegan la obligación de obedecer al padre y reclaman el derecho de la libre decisión:

> En otra época, la gente era realista, estaba acostumbrada a proyectarse en el rey, pero ahora eso no basta, el hombre ha tomado conciencia de su dignidad, cada hombre quiere ser responsable, protagonista, quiere poder decidir su destino que puede ser un acto de gracia o de pecado .(Mugica 73)

Mugica reclama para "la gente" justamente lo que Onganía le niega a la nación argentina feminizada, la capacidad de ser responsable y protagonista de su propio destino. Según el sacerdote jesuita, el "Estado peronista" había hecho esto posible, mediante la destrucción del "antiguo paternalismo del estanciero, la antigua jerarquía de clases de la campaña y el peón de campo, que recibía además el instrumento legal de defensa de sus derechos" (79).

Las declaraciones de Mugica respecto del poder papal corroboran esta posición, y adquieren otro sentido si las contextualizamos respecto del discurso de Onganía que apoya su autoridad en argumentos muy similares a los que Tomás de Aquino había esgrimido para justificar la autoridad papal y su infalibilidad. Mugica afirma que la infalibilidad del Papa lo es sólo en cuanto "se constituye en portavoz autorizado de lo que siente toda la comunidad cristiana." De manera que el Papa "de monarca absoluto se va transformando [...] en un primer ministro". Y continúa, ahora el "mundo cristiano adulto" ya no acepta directivas sin que se le consulten, "la iglesia comienza a ser co-gobernada" (87-88). Quedan así removidos los fundamentos mismos del poder y de la posesión absoluta de la verdad y, con ello, desmentidos el derecho a la autoridad ilimitada de los dictadores, cuya base descansa en los mismos argumentos filosóficos medioevales esgrimidos por Tomás de Aquino.

En 1970 Levingston, en las declaraciones hechas a propósito del asesinato de Aramburu, el 19 de mayo, también devalúa implícitamente la categoría de lo femenino, en la medida en que las categorías propiamente masculinas son sobrevaloradas. Mientras Levingston declara que los responsables de esta acción padecen de "falta de hombría", al mismo tiempo ensalza, la "viril[idad]" del pueblo (*Mensajes* 6). La obvia connotación negativa que implica la acusación de "falta de hombría" y que involucra todo aquello que no es masculino, junto al elogio implícito en el uso del adjetivo "viril", subrayan claramente la ideología machista patriarcal del discurso de Levingston, desvalorizadora de la materialidad corporal relacionada en el discurso dictatorial y en la tradición patriarcal, con el signo femenino. Sin embargo, ahora mucho más explícita y directamente, la feminización recae sobre los grupos guerrilleros que realizan actividades violentas.

Este aspecto de la retórica de Onganía da la clave para intentar comprender algo que podría parecer una casualidad: la articulación y coincidencia de las estrategias retóricas de los discursos de la resistencia con aquellas de la literatura feminista. Me refiero a la emergencia de la materialidad del cuerpo utilizado como símbolo transgresor que hace del erotismo el arma de resistencia y oposición, y que en el caso estudiado resiste al Estado de la "Revolución Argentina".

En los discursos teatrales que venimos considerando y en el de Mugica, se visualizan las condiciones del crecimiento de la Argentina de manera muy diferente a la que propone el discurso de Onganía. Ya no se trata de reprimir todo lo relacionado con la materialidad: la carne y la sexualidad. Los dos consideran el aspecto sensible-material no sólo como algo no desechable, sino como fundamental para el crecimiento del cuerpo nacional al que además hay que darle agencia política. Este mismo aspecto remarca Perón cuando en el Mensaje a los Trabajadores y al pueblo argentino, en el Programa del 10 de mayo de 1968, en la Confederación General del Trabajo afirma que"... la Argentina y los argentinos queremos[...] ser activos protagonistas y no dependientes en la nueva era ... que transforma al mundo y a la humanidad" (Baschetti 282). La "argentinidad" en el texto de Perón involucra la actividad, la independencia y el protagonismo de la nación que la "Revolución Argentina" niega; en tanto tal, el discurso de Perón puede leerse como una desconstrucción de la feminización descalificante e inmovilizante de una "argentinidad" que, por el contrario, ahora no necesita ser guiada por el espíritu y la inteligencia el padre/dictador y que aspira a ser activa protagonista en el espacio nacional.

Tal es el caso de *La valija* de Julio Mauricio, estrenada en 1966 en el Nuevo Teatro y que es, según Ordaz, producto del "veterano grupo de la escena libre más batallante" (72). En un estilo mucho menos metafórico y aparentemente más tradicional, leída contextualmente, *La valija* resulta clave para la comprensión de escena teatral como oposición a la "Revolución Argentina". Esto se entiende mejor a la luz de la entrevista a Julio Mauricio realizada por Francisco Garzón Céspedes y publicada en la revista *Conjunto* 20 (abril-junio 1974) 13-20, con el título "En América Latina el teatro le ha sido expropiado al pueblo" y transcrita por Gerardo Luzuriaga en "Cómo es el teatro en Argentina" en *Popular Theatre for Social Change in Latin America*. En ella Mauricio critica el teatro que "hace una metafísica de los males del hombre", poniendo en evidencia que la función que él proponía para el teatro tenía que ver con posturas políticas y prácticas alejada de situaciones que pretenden una abstracción neutra respecto del contexto (120).

Leo *La valija* como el planteo de una visión alternativa de la mujer y la moral: Osvaldo y Luisa, protagonistas del drama, son una pareja de clase media de pocos recursos económicos que viven alienados y deshumanizados por el sistema económico y social en el que están insertos. Ellos viven en el mundo limitado por su pequeño departamento, siguiendo la rutina del mundo "moderno": él atrapado en el trabajo aburridor de una oficina; ella cansada de mirar telenovelas cumple las tareas rutinarias del hogar. Con ocasión de la visita de Horacio, un vecino que le trae a Luisa un libro (la biblia) sobre nuevos modos de enfrentar la existencia, ella experimenta por primera vez la verdadera comunicación que se concreta simbólicamente mediante una relación sexual extramatrimonial. Tal relación es la fuente de una libertad desconocida hasta entonces por Luisa y Osvaldo. El texto termina con la exclamación de Osvaldo que dice: "Vas a ver... ahora todo cambiará".

En La *valija* Luisa transgrede el modelo patriarcal de femineidad; su comportamiento es la ruptura de la sumisión, pasividad y "dignidad" que éste requiere de la mujer. La protagonista rompe las normas de la moral vigente para abrir la posibilidad de una vida alternativa que justamente se alcanza a través de la relación carnal, material. La mujer alcanza su plenitud sólo cuando pasa de ser objeto de deseos y órdenes ajenas, a ser sujeto con poder de decisión y voluntad propia, con capacidad de expresar y satisfacer su deseo. *La valija* manifiesta así una mirada distinta: la mujer alcanza su plenitud y la de su pareja mediante la infidelidad matrimonial, con la consiguiente ruptura de las reglas morales del catolicismo "occidental y cristiano" que subyace al discurso dictatorial. Esto puede leerse como el rechazo de la escena teatral de *La valija* a la pasividad y dependencia que el discurso de Onganía requiere de la "joven nación" argentina.

Es posible señalar la contraparte del argumento que aparece en *El campo*; la propuesta de Gambaro, como vimos antes, denuncia en la escena las consecuencias de la obediencia, la sumisión y el miedo al Padre. Emma, la protagonista, aparece completamente dócil, acepta la farsa y se comporta como una "dama de alta sociedad", pese a la evidencia contraria que entregan las imágenes y los gestos. Esta actitud de sometimiento y complicidad conduce, al contrario de la transgresión de Luisa en *La valija*, al desastre definitivo. Al final de *El campo*, no sólo ella sino también Martín quedan inevitablemente constreñidos, limitados al espacio del encierro y "marcados" por el poder de Franco.

Con una orientación un poco diferente, *Hablemos a calzón quitado* usa la parodia para poner en evidencia la convergencia entre Dictadura, Patriarcado e Iglesia tradicional, explícita tanto en el discurso de todos los Jefes de Estado de la "Revolución Argentina", como de las autoridades de la iglesia. Observemos el tono paródico fuertemente irónico del padre en *Hablemos* cuando dice:

Pesadilla y parábola. "El campo" revela los peligros de hoy con la imagen de ayer".

Primera Plana. 20 de diciembre de 1968

Los abusos son siempre perniciosos para el espíritu y para el cuerpo. Por lo tanto, hijos míos, ahora que estamos a tiempo, cambiemos de vida. Demos un golpe de timón y tomemos la senda de la virtud y la templanza. Así, guiados por los sentimientos nobles del alma, realizaremos el milagro cotidiano de la transformación del mundo... (69)

No menos paródico resulta el siguiente parlamento de Martín, el amigo que viene del exterior y que trae la Biblia. El personaje desautoriza el discurso casi religioso de Onganía y plantea el rechazo a su exigencia de obediencia y respeto al padre y sus normas, como el único camino posible hacia la liberación:

> Martín: ¿Me oís?... Llegó el momento más importante. No podés aflojar... ¡Abrí los ojos! Tu viejo te reventó la vida. Te vendó los ojos para engañarte. Ayer descubriste la verdad. Tu viejo es un ladrón y un asesino. Te cagó la vida. Juan. Pensá que hasta ayer no eras ni siquiera un hombre... (77)

El texto de Gentile descubre un joven que para madurar y convertirse en un "hombre" necesita liberarse del dominio del padre, desobedecerlo e incluso echarlo de la casa, todo ello conseguido mediante un acto carnal. No es la espiritualidad de la dictadura lo que va a salvar al país, parece afirmar la propuesta de Gentile, es la rebelión contra las normas del statu quo y la expulsión del Padre de un espacio que se convierte, gracias a ello, en un espacio de vida.

2- La creación: re-nacimiento a la vida

La metáfora de la "creación de vida" tiene siempre una valoración positiva en todos los discursos que forman el sistema poético cultural de la época. Sin embargo, como en los otros casos, refiere sentidos muy diversos, correlativos a la jerarquía de valores que defienden los diversos sectores sociales de la Argentina y que a la vez responden a tendencias ideológicas diversas y a intereses económicos variados. La creación a la que se refiere el discurso de Onganía es una creación espiritual concebida como un deber de la dictadura, cuya finalidad es la recreación del "ser nacional", un ente abstracto que logrará la recuperación de la "esencia" de la nacionalidad. De manera diferente, en los discursos teatrales y en el discurso de Mugica el camino de la creación es el de la fecundidad que, aunque no excluya lo espiritual, siempre se metaforiza mediante una sensualidad que incluye connotaciones carnales bastante precisas, tal como por ejemplo observamos en el discurso de Mugica (106).

Resulta cristalina la metáfora de la fecundación propuesta por Onganía, según la cual la "Revolución Argentina" y él como su representante, es el único agente autorizado para realizar la "nueva concepción de la gran política nacional" (Onganía 5:63). El carácter espiritual y la posesión del logos por parte de la "Revolución Argentina" justifican plenamente, según este discurso, tanto la exclusividad de la función procreadora como el derecho de controlar y reprimir todo otro intento de iniciar una "nueva vida" que tenga otras bases culturales e ideológicas.[53]

La "concepción" "re-creadora" de la "Revolución Argentina" exige una comunidad nacional ideal, que está caracterizada de manera similar a la "mujer fuerte" de la Biblia. La nación -como la mujer respecto de la familia debe ser el sostén de la tradición, virtuosa y sacrificada:

> ... orgullosa de su tradición, preparada y dispuesta para el esfuerzo, dueña segura de sus virtudes, como franca y veraz en la percepción de sus defectos y decidida y obstinada en la tarea de sobrellevarlos y vencerlos. (Onganía 8: 25)

La funcionalidad de la feminización de la nación propuesta desde el discurso de Onganía, resulta evidente: se busca por un lado, justificar retóricamente la aceptación del control y del orden impuesto desde la dictadura. Esto tiene un objetivo doble: por una parte, lograr la meta económica mediante la "normalización" y, por

---

[53] He estudiado este aspecto específicamente en mi análisis de *Cocinando con Elisa* de Lucía Larragione que consta en la bibliografía.

otra, reprimir los intentos "subversivos" que tratan de imponer un modelo cultural diferente al "occidental y cristiano".

El uso de la metáfora pasa a los otros discursos, incluyendo el periodístico y pervive hasta el final del período de la "Revolución Argentina". Así lo muestra el caso del artículo "El nuevo frente: cuando los ex enemigos se ponen de acuerdo", donde se habla del "nacimiento de una criatura", en el que los políticos -padres de ella- "fumaban sin impaciencia, casi despatarrados". El artículo comenta que el "parto, quizás apresurado" tuvo lugar en el salón del Abogado Manuel Rawson Paz y que "los padres no se habían puesto de acuerdo sobre el nombre del inocente". Pero como el "párvulo tenía que nacer vivo antes de la medianoche, finalmente se decidió el bautismo: lo llamaron *La hora del Pueblo*" (*Panorama* Año VIII, No 186, 17-23 de noviembre, 1970: 3).

En el mundo imaginario de la dictadura el orden y todo lo relacionado con la nación, aparecía como lo opuesto radicalmente al erotismo. Para citar sólo un ejemplo, la versión de rock de la Marcha de San Lorenzo había sido censurada porque "se alegó que había sonidos eróticos previos a una marcha militar" (Bitar 53).

La metáfora de la "creación de vida" reaparece, pero tal como sucedía en las instancias anteriores, con diferencias, fruto del antagonismo político y de la incompatibilidad de las propuestas ideológicas; en algunos casos se acentúa el rol de los personajes femeninos y la importancia del erotismo. La "creación de vida" en estos casos, no se origina en el padre sino en el joven rebelde y, a diferencia del discurso dictatorial, la mujer tiene ahora parte activa en ello. Tampoco es puramente un deber espiritual sino principalmente un acto de amor carnal que refiere, según el caso, tanto a la necesidad de comunicación, como a la satisfacción de las necesidades materiales-animales del cuerpo.

En esta línea se instala la propuesta de *Hablemos a calzón quitado*, según la cual, la "creación de vida" es necesaria para la realización de la utopía social. Pero ella no proviene del Padre sino del joven, el "erótico revolucionario" como acabamos de ver en el acápite anterior. En *Hablemos* como en *La valija* la metáfora de la creación es concreta y carnal; la nueva vida se consigue gracias a una experiencia erótica-sensual. En *Hablemos* el "nene" Juan se libera de su padre castrador, gracias a la influencia de Martín, el intelectual "salvador" en cuyo parlamento abunda el vocabulario con referencias corporales carnales:

> Tu revolución está ya en marcha... Te está esperando, Juan. Tu revolución comienza en la vagina de la Polaca. Rebelate contra el mundo, sublevate contra la herencia de mutilación y aborto... y penetrá, sentí la piel, entregate al juego, vibrá Juan, vibrá... Revoleate abrazado hasta sentir la plenitud ... y desgarrate... inundate de silencio y de ternura (73).

Contextualizada, esta propuesta se torna subversiva en cuanto contradice la afirmación de la inherente maldad de todo aquello que tenga la menor cercanía o sospecha de erotismo, o se aleje de la "espiritualidad" y sea motivo de la censura. De manera contraria, Gentile describe al Padre, que había sido propuesto según el discurso de la dictadura como lugar del espíritu y de la moral, como un ser mutilador y castrador.

Por otra parte, esta propuesta del erotismo como liberación está cercanamente relacionada a la concepción del amor y del pecado del discurso de la Teología de la Liberación, que como antes mencioné, propone una simbiosis entre erotismo y revolución. Además de afirmar que "amar hoy al prójimo, a los hombres, es hacer la revolución", este discurso niega el vínculo entre amor y pecado propio del catolicismo tradicional (Mugica 86). El pecado o el mal según el sacerdote, no está vinculado al placer carnal, sino al mantenimiento de las estructuras opresoras que provienen del sistema capitalista liberal. Por ello afirma que pecar es "... rechazar el amor e instalar la injusticia" (66).

Volvamos al teatro. *Chau papá* avanza todavía un paso más, subraya la distancia e inferioridad de los hijos fieles al padre de aquel que rechaza su "concepción"/ paternidad. Los primeros son seres inferiores, estériles y casi anormales. Así lo exhibe el drama que finaliza con la muerte del padre y con los dos hijos preferidos - Susana y Norberto dialogando en la cama del Padre. Susana le dice a su hermano,

> ¿Vos me querés a mí? (El afirma) Cómo nos queremos nosotros. Por eso vamos a estar jun/muyjunt/ muyjuntitos... mucho tiempo...años y años... Que- riéndote... yo a vos... Vos a mí. Dame un bes/un besi... Otro aquí... Otro aquí... Otro aquí... *(Le hizo besar sus mejillas, sus orejas, su cuello, el nacimiento del busto, que ella misma deja a la vista tironeándose la ropa. Ambos hermanos van cayendo lentamente en la cama, hechos un nudo, un enredo. Apagón).* (171)

Susana y Norberto no tienen posibilidades de una creación de vida que trascienda el ámbito cerrado y pútrido del espacio enfermo donde habita el padre: sus relaciones incestuosas no sugieren futuro sino un punto más en un círculo del que es imposible escapar. Este final que, según el comentario de la revista *Análisis*, en su número del 26 de julio de 1971, es de "marcada procedencia psicoanalítica [que] sólo agrega confusión al largo divertimento que precede", adquiere un nuevo sentido cuando se lee con relación al contexto político y al universo simbólico en el que surge. El espectáculo parece proponer que sin salir de los límites impuestos por la ideología del padre (dictador) y de su ámbito de influencias, la vida desaparece, pues la única posible reproducción, la incestuosa, no lleva sino al hundimiento y la animalización.

La "re-creación del ser nacional", junto a la condena de todo aspecto carnal o erótico como opuesto fundamentalmente al orden de la "Revolución" planteado en el discurso "espiritual" de Onganía, re-afirma la escisión y la consiguiente dualidad -al parecer innegociable- entre materia y espíritu, escisión que forma el núcleo mismo de su discurso. Hemos visto cómo los discursos de la resistencia proponen el amor erótico como la metáfora de la salvación. Salvación que en última instancia consiste en la desobediencia a la moral y a la ley del padre. Sólo la expulsión del Padre y el abandono de su espacio ideológico pueden poner punto final a su autoridad y a la castración que ella significa.

3. La violación del cuerpo nacional

La apertura al capital extranjero, parte constitutiva de la política económica de libre mercado implementada por la "Revolución Argentina", trae consigo una masiva influencia foránea. Esta apertura económica, cultural y legal se articula, en los discursos de la resistencia, con la metáfora de la violación al cuerpo nacional, un acto violento que se contrapone a la "concepción recreadora" de vida del discurso de Onganía. De este modo, lo que para Onganía significaba una refundación de la nacionalidad, para los discursos de la oposición constituye la desintegración y la vejación nacional.

Como dijimos en la Introducción, tanto Onganía como Levingston tenían tendencias nacionalistas, pero sus gobiernos estaban perfectamente controlados por los equipos económicos que guiaban la política liberal de "normalización", para la cual era indispensable la presencia de capitales extranjeros. El discurso de los colaboradores del régimen se refiere a este antagonismo. Isaac Francisco Rojas, con motivo del aniversario de la "Revolución Libertadora", en el acto que se lleva a cabo en el Luna Park, cree "inevitable la mención de la antinomia liberalismo-totalitarismo", término este último que equipara a "integracionismo", "participacionismo" y "comunitarismo". Rojas, para marcar la dualidad entre la política liberal de apertura de mercado y la de sus opositores más nacionalista, denuncia a esta última como el afán de aislar "la ciudadela del mundo libre: Estados Unidos" (*Panorama*, Año VIII, No. 178, 22-28 de septiembre, 1970: 13).

Esta tensión entre "nacionalismo" y "liberalismo" se vislumbra en los discursos opositores que señalan la inutilidad de las afirmaciones nacionalistas de las dictaduras de Onganía y Levingston, puesto que eran incoherentes con la política económica liberal adoptada.

Agustín Tosco, refiriéndose al nacionalismo económico de Levingston afirma que éste sólo crea las condiciones necesarias para establecer un clima propicio en el país "para que nos sigan penetrando" (110). El verbo "Penetrar" reaparece repetidamente en los discursos de la resistencia y acentúa la visualización de la nación como un cuerpo femenino violado. Esta "penetración" tiene como objetivo, según Tosco, "aplastar al pueblo" y "amordazarlo" para luego canalizarlo/ guiarlo hacia la "salida política que es la continuidad de este sistema" capitalista (130). Y el agente de esta "penetración" es la explotación de los monopolios internacionales, por ello es necesario

> concientizar que esos monopolios que nos explotan, que nos penetran día a día, que nos roban la riqueza nacional, que dominan la banca; las fuentes energéticas, el comercio exterior no nos van a liberar jamás (Tosco 126).

Si la concientización denuncia la imposibilidad de que la política de la "Revolución Argentina" constituya una real liberación, el hecho de que los agentes de esta penetración sean los "monopolios internacionales" acentúa el rechazo a lo extranjero como definidor de la nacionalidad argentina. Mientras los discursos de Onganía y Levingston intentan definir un nacionalismo que incluya el capital y los intereses extranjeros, los discursos de la oposición excluyen tales elementos de la nacionalidad.

La presencia de la penetración cultural foránea en los medios de comunicación masiva se denuncia en el "Comunicado del Destacamento Guerrillero '17 de Octubre'". La penetración, se afirma, distorsiona y denigra los valores nacionales y "pretende imponer moldes extranjerizantes ajenos a [su] realidad y tradición" (Baschetti 308). Según este discurso la realidad, la tradición y la identidad argentinas, se definen justamente excluyendo aquello que, según el discurso de Onganía y de Levingston, iba a constituir la salvación de la nación.

En los escenarios, el motivo se repite. *Historia de la clase media argentina* visualiza la entrega del país al imperialismo como una violación favorecida por la política de la "Revolución Argentina" y sus aliados. La penetración, ahora convertida en un acto de sodomía, tiene aún mayor carga negativa en el contexto ideológico social y moral de la Argentina. Mr. Peag -representante del capitalismo internacional- obliga a Boñiga -ganadero aristocrático que pacta primero con el inglés y luego con el norteamericano- a ponerse en el suelo y a mugir luego de lo cual "coloca un pie entre las nalgas de Boñiga" que se detiene desconcertado,

> Peag: All right, boy, stop it (Se aparta. Boñiga que- da en el suelo humillado, Pola se acerca).
>
> Pola: ¿Cómo estás, Boñiga?

Boñiga: Bien, bien... Un poco apaleado. Pero contento. (40)

La aceptación por parte de Boñiga de la humillación a cambio del pacto con Mr. Peag, subraya la alianza de la aristocracia ganadera con los representantes de los capitales ingleses y norteamericanos. Al mismo tiempo, remarca los intereses extranjerizantes de este grupo que apoya a la "Revolución Argentina" y los contrapone a la "argentinidad".[54]

La Argentina como un cuerpo femenino violado, que cuando se "entrega" pierde su mayor riqueza, aparece también en la retórica de Perón: "el año 1967 se ha completado prácticamente la entrega del patrimonio económico del país a los grandes monopolios norteamericanos y europeos..." Lo que para Onganía es un acto noble de recreación del "ser nacional", ahora se lee como la "entrega" de "su patrimonio económico".

Consistentemente, Perón, en el Mensaje a los trabajadores y al pueblo argentino leído en el Programa de la CGT, el 10 de mayo de 1968 "denuncia esa penetración y [llama a] la resistencia a la entrega de las empresas nacionales de capital privado o estatal [pues éstas] son hoy las formas concretas de enfrentamiento" (Baschetti 282).

La re-creación de la vida según la oposición no está centrada en la apertura al capital extranjero y en la cesión del patrimonio

---

[54] El texto de Monti revela los sentimientos anticolonialistas, según los cuales. el "europeísmo fue constituido como una categoría des- clasificadora... que habría obnubilado la percepción de la propia especificidad nacional. Esta ideología de lo específico [nacional] ex- traía su fuerza incontestable de un militante antiimperialismo que propiciaba la búsqueda de la articulación de la Argentina con Latinoamérica". (Terán 168)

económico a las corporaciones internacionales, ni tampoco se ubica el espacio del Estado Autoritario. Al contrario. La posibilidad de inicio de una nueva vida puede venir, como en *La valija*, desde el espacio ajeno al mundo definidor del "statu quo"; en *Hablemos*, la nueva vida se inicia con la expulsión del Padre. En los dos casos el acento está en lo intelectual: en ambos son los libros los que inician el cambio. Esto último invita a considerar estas propuestas como una respuesta a la Ley 16984 de Correos, del 20 de octubre de 1967, que ordena la detención e incineración de libros (Avellaneda 95). El Padre en *Hablemos*, al igual que la censura, considera peligrosos los libros y *La valija* y *Hablemos* exhiben su potencialidad de la lectura para incitar la resistencia.

Los discursos políticos opositores se sitúan contiguamente al discurso teatral. Mugica, con un discurso que lo acerca al discurso teatral de Mauricio, afirma que la creación está en el contacto y el amor con la comunidad marginada, con especial énfasis en la necesidad de la comunicación. Tosco en cambio llama al movimiento, a la lucha, a la oposición activa, a la resistencia efectiva, tal como en la escena lo hace el "nene" de *Hablemos*.

¿Qué se entiende entonces como "verdadera Argentina" según los discursos comprendidos entre 1966 y 1973? ¿Cómo se recrea la nacionalidad? En los discursos teatrales, la "concepción" realizada por el Padre o por aquéllos que pertenecen a su espacio, conduce sólo al nacimiento de seres anormales o monstruosos, sin voluntad o en proceso de desintegración. En *Chau papá*, el hijo "traidor" al padre es el único que tiene descendencia "normal". En *El robot* de Pavlovsky, puesta en escena en el Teatro de la Alianza Francesa (TAF), el 4 de diciembre de 1966 y dirigida por Conrado Ramonet, nace "el hijo del futuro", un robot sin voluntad ni inteligencia. En el segundo acto de *Historia*, que explícitamente se refiere a la Argentina de los últimos años, "Todos los personajes están desparramados en el escenario, como muñecos sin vida" (34); y se representa la vida de la sociedad burguesa como un conjunto de ritos que hace que los seres se "desmoronen como un trapo" (39).

Lo que para unos es la creación de vida, para otros es la violación o la desintegración de la nacionalidad. Lo que para unos es el "verdadero argentino" para otros son seres degradados o deshumanizados. La lucha simbólica evidente, en la diversa funcionalidad de las metáforas, exhibe los supuestos ideológicos, económicos y políticos que subyacen a estos discursos.

4. El cuerpo nacional enfermo de muerte

...La nación (es)... sólo un proyecto

(y no una verdadera realidad)

que se propone llevar a cabo

mediante medidas quirúrgicas drásticas.

(O'Donnell 293, mi traducción).

La revista *Panorama* anota en su artículo "Elecciones: Perón sabe y puede", publicado en el número 307 de marzo de 1973, que la democracia, "según los militares, estaba a punto de morir por "enfermedad" (13). Más aún, según el discurso de las Fuerzas Armadas, es el cuerpo nacional mismo el que está distorsionado y desfigurado por una enfermedad mortal. La imagen de una materialidad en descomposición se radicaliza: el cuerpo nacional padece de crecimientos caóticos, anormales e incoherentes, que impiden sus funciones normales.

La metáfora del cáncer, descrita por Sontag en *Illness as Metaphor*, se usa fuera de la medicina para expresar una sensación de insatisfacción con la sociedad; viene de la retórica romántica que opone la cabeza al corazón, la espontaneidad a la razón, lo natural a lo artificial y el campo a la ciudad (ibid 72-73). Esta imagen, con antecedentes muy antiguos, es de uso frecuente en los gobiernos modernos totalitarios; estos gobiernos, "sean de la derecha o de la izquierda han sido peculiar y reveladoramente inclinados a usar la imaginería proveniente de la enfermedad" (Sontag *Illness* 82, mi traducción). El siguiente gráfico sintetiza lo anterior:

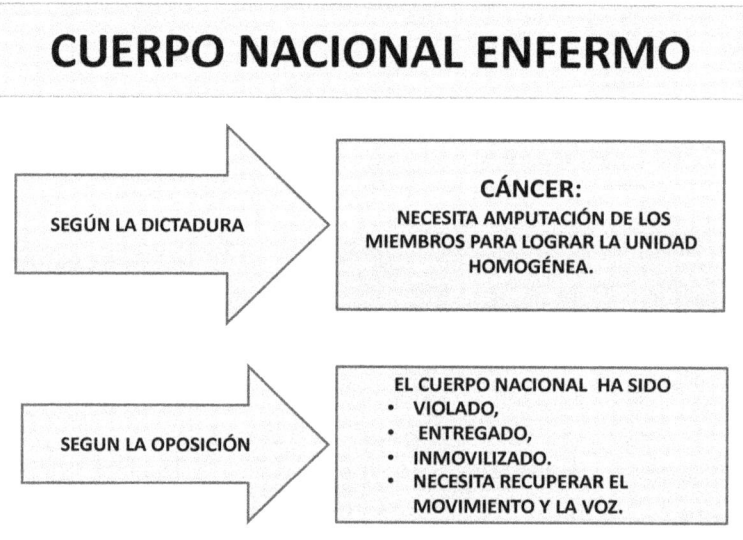

Esta atribución de las características fundamentales de un organismo enfermo a la sociedad descrita vista como corrupta o desviada, tiene, al igual que la metáfora del cuerpo político, antecedentes muy antiguos. Los encontramos por ejemplo en la *Antígona* de Sófocles, y en *Las Avispas* de Aristófanes. En los dos casos se habla explícitamente de una enfermedad del estado que está enraizada en su corazón mismo (Hale 160).

La insistente aparición de esta metáfora en el discurso de Onganía, es como en los casos vistos anteriormente, coherente con la necesidad de justificar el control y la represión. La "Revolución Argentina" que se había presentado como la opción salvadora de la nación necesita justificar su intervención. Así, el "Estado Burocrático Autoritario...aparece como ubicado frente a una nación enferma como se expresa en la retórica que se deriva de la severidad de la crisis que precedió su implantación, cuyo interés general se necesita invocar (O'Donnell 293, mi traducción).

Esta retórica impuesta desde el discurso de Onganía y que apunta a una nación enferma a la que el Estado está determinado a salvar aún en contra de su voluntad, es un artificio retórico, síntoma de la debilidad de la dictadura que necesita justificar su accionar y aparecer como si tuviera total representatividad.

Según el discurso de Onganía, los "médicos" llamados providencialmente a salvar ese cuerpo nacional enfermo, van a "enfrentar sin tregua los males que aquejan la República" (Onganía 8: 10), buscando así la "solución drástica" para los "males endémicos que frena[n] la vida del país" (Onganía 7:7) y el "fin [del] proceso de deterioro que [lo] ha inmovilizado" (Onganía 7 de noviembre 1966, 7). Por otra parte, la metáfora se extiende en el tiempo pues continúa en el discurso de Levingston quien afirma, en su Mensaje de 1970, que la misión de la Revolución es realizar una "operación pacífica" en la nación argentina (29).

La metáfora de la nación como un cuerpo enfermo presenta una doble faz. Si bien el discurso de Onganía propone la imagen del gobierno como el médico/salvador que, para salvar al organismo nacional, tiene que cercenar ciertos miembros de ese cuerpo por otro, esta necesidad de "cercenar" el cuerpo político es reconocer la necesidad de excluir de ella a grandes sectores sociales. (O'Donnell

Tensions 293-4) "contaminados" por enemigos internos. En función de salvar la vida del cuerpo político nacional es necesario eliminarlos, como el cáncer, de la nacionalidad.

Ante este cuerpo enfermo, que pese a todo todavía "sobrevive"(*Panorama* 307, 15-21 de marzo, 1973: 13), el gobierno se presenta como el médico/salvador, metáfora que conecta con el antiguo tropo de Cristo médico y que se encuentra, por ejemplo, en los escritos de la Edad Media, de San Agustín y de San Jerónimo. Tal como Cristo es el médico al que hay que entregarse (Scherb 165), el discurso de Onganía exhorta a la sociedad argentina a confiar en la dictadura y mantener "una correspondencia íntima entre gobernantes y gobernados", pues "poder y consentimiento son términos de una ecuación cuyo resultado es negativo cuando tal correspondencia se quiebra" (Onganía, Punta del Este 10).

La justificación retórica de la "cirugía" que la dictadura debía realizar en la nación resultó insuficiente y ella acarreó altos costos políticos, aun entre aquellos que tempranamente la apoyaron, pues la exclusión se extendería más tarde también a los sectores medios y a las más débiles fracciones de la burguesía.

La misma visualización del cuerpo enfermo de la nación como el "paciente" ideal, tradicional y confiado, cuya pasividad y receptividad es la clave para llevar a cabo la "mística revolucionaria" a que está avocada la Revolución, está presente también en los discursos de Levingston (diciembre 5). Según estos, el ciudadano argentino ideal está concebido como el paciente clásico de la medicina y debe ser un objeto manejable para su examen y tratamiento sin oponer resistencia cuando se encuentra confiadamente, en las manos expertas del médico, en este caso de los dictadores.

Es evidente la correspondencia isomórfica de la metáfora de la Argentina enferma con la imagen del "mundo escindido", nucleo del sistema metafórico que hemos descubierto. La exclusión a la que se refiere aquella es la "operación quirúrgica" de ésta y las dos responden a la necesidad de estricto control de la nación argentina. Por otra parte, la metáfora del cuerpo enfermo corresponde también a la dualidad espíritu/materia. El "paciente" enfermo como la materia desprovista de espíritu e inteligencia, estarían forzados a aceptar la guía de la "Revolución Argentina" locus del espíritu y médico salvador.

Este modo de visualizar la dinámica política del momento pasa también al discurso historiográfico de O'Donnell que describe la política de la dictadura en términos médicos. El historiador afirma que, según la dictadura, la nación es un cuerpo al que hay que aplicarle un torniquete que impida la expansión del mal que claramente se asocia con "lo popular" y "la ciudadanía":

> la supresión de lo popular y de la ciudadanía, junto con la eliminación de las instituciones de la democracia política, son un torniquete que impide que el veneno se riegue y que da tiempo para la cura. (O'Donnell, *Tensions* 296, mi traducción).

Toda esta exclusión resultará en un "nosotros" constitutivo de la nacionalidad mucho menos comprehensivo que en el pasado; sólo se incluyen ahora aquellos que calcen dentro de su propio diseño, socialmente armonioso y tecnocrático, de la futura nación (O'Donnell 295). Esta exclusión implica la redefinición de la nación. A ella no pueden pertenecer ni los elementos infectados ni aquéllos que han promovido la enfermedad. Ellos son el enemigo dentro del cuerpo de la nación, son la negación del "nosotros" ("not-we") que ahora va a construirse solamente dentro de los límites y a partir de las instituciones del "Estado Burocrático Autoritario".

Nuevamente la retórica de Onganía coincide con la retórica antigua. Demóstenes había afirmado que la enfermedad consistía en una rotura o en un esguince[55], concepto tomado por el dictador para ubicar el mal en el "ser" argentino. Según la "Revolución Argentina", esta ruptura se debe a que existen una "serie de anomalías que afectan el desarrollo espiritual y material de la Nación" (Onganía 5:9). Una de las causas es el

> desarrollo de una peligrosa infiltración ideológica, bajo las formas más sutiles, que está carcomiendo las raíces profundas del ser nacional, alterando sustancialmente la esencia de nuestro sistema de vida tradicional y cristiano y que se manifiesta, con particular virulencia, en determinados ámbitos culturales y laborales. (Onganía 5:9)

La lírica popular de María Elena Walsh desenmascara el discurso de Onganía en su afán de justificar las medidas dictatoriales mediante la existencia de un país enfermo. Walsh denuncia que el lobo/diablo -identificado con el gobierno militar, por el "levitón ministerial" y "la cartuchera/ y la casaca militar", "Primero invent(a] pobres y enfermos/ Después regal(a] el hospital" (*Juguemos en el Mundo*). La denuncia es obvia y apunta a la funcionalidad que tal metáfora cumple en la retórica del discurso del poder. El éxito de esta grabación que en cuatro días vende siete mil unidades de la primera impresión, muestra hasta qué medida ella expresaba la sensibilidad social en la Argentina del momento.

---

[55] *The Olynthiac and Other Public Orations*, trans. Charles R. Kennedy, Bohn's Library, London, 1865. citado en Hale 122.

La enfermedad aparece en el discurso de Onganía como una categoría ontológica historizada (Biasini 21). Ontológica puesto que cambia el "ser" mismo del "ser nacional" e historizada, puesto que se refiere, en el caso concreto del discurso de Onganía y más tarde de Levingston, a la aparición, durante esos años, de células guerrilleras que intentaban implantar un modelo cultural alternativo al modelo capitalista liberal tradicional. Estas células o grupos subversivos pretendían un profundo cambio en la fisonomía de la nación. A ello parece apuntar a Onganía cuando habla de una transformación del ser nacional que hasta entonces y según la dictadura estaba constituido dentro de la "tradición occidental y cristiana", concepto este último que se había adaptado a las necesidades del programa dictatorial.

Los discursos de la oposición discuten este diagnóstico de la dictadura y para ello usan también la metáfora del cuerpo. Según ellos, el cuerpo nacional no padece de cáncer, sino que está maniatado, acallado, inmovilizado y cegado. Todos estos males son justamente el producto de la política de la "Revolución Argentina". El cáncer, según ellos, un invento de la retórica de los Jefes de Estado.

Agustín Tosco reconoce que la Argentina está deformada, pero señala que las distorsiones se originan precisamente en lo que era el instrumento de salvación según la política oficial: la imposición del liberalismo económico. Tosco afirma que

> Sabemos cuáles son las distorsiones que tiene nuestro país, sabemos que los resortes básicos y fundamentales de la economía no están en poder de nuestro pueblo[...] que el crédito bancario está manejado por los organismos internacionales... que el comercio exterior ... está regulado ...por las potencias internacionales. (Tosco 112)

Este "imperialismo", dice Tosco,

> ha deformado el cuerpo nacional causando el crecimiento descomunal de la cabeza respecto del cuerpo, pues "históricamente nos ha dejado una red ferroviaria y vial en forma de abanico que ha provocado una macrocefalia en Buenos Aires. (130)

Esta acusación de Tosco acerca de la deformación de la Argentina, corresponde a la distribución geográfica ideal de la teoría que está en la base del discurso de los representantes de la "Revolución Argentina" y que concibe la nación como un espacio cuyo centro -la ciudad principal- se comunica mediante ríos, caminos o ferrocarriles, con las ciudades del interior para integrarlas a su poder central; ello da lugar a lo que Tosco califica de una "macrocefalia en Buenos Aires"; es posible pensar también que esta "macrocefalia" corresponde también al dominio de la cabeza territorial sobre los miembros de ese territorio tal y como sucedía con la noción del cuerpo nacional como cuerpo político en el que la cabeza --constituida por el poder dictatorial-- dominaba y ordenaba a los miembros del cuerpo.

Los discursos de la oposición reconocen la presencia de las "distorsiones" como el mal que afecta al país pero ellas se deben a la presencia de elementos extraños, que no son los que había identificado la dictadura. Estos elementos ajenos a ella son" los organismos" y las "potencias internacionales" que constituyen, según Tosco, la negación de la "argentinidad". Por otra parte, el síntoma de esta distorsión nacional es la presencia de "los islotes de modernidad", formados por el auge de la política económica liberal. Tales islotes no son "espejo de [su] pueblo". Al contrario, "el país 'real' está hecho con las villas miserias [...] con la falta de escuelas, con la deserción escolar"; el país es "esa villa miseria que rodea a las ciudades industriales" (113). Las villas miseria, que en los primeros textos de Onganía aparecen identificadas como una de las principales causas de las "anomalías" que afectan a la Argentina, son según Tosco producto del modelo capitalista liberal: ella son las "lacras del sistema", a pesar de lo cual constituyen el verdadero locus de la "argentinidad".

También Mugica señala como la causa misma del mal la política de la dictadura, que según él ha pactado con "poderes malignos" que están terminando con la verdadera nación:

> Hoy a esos poderes malignos los podemos llamar imperialismo internacional del dinero y oligarquías nativas que son las que le chupan la sangre al pueblo siguiendo precisamente, a ese imperialismo". (Mugica 110)

Los enemigos del cuerpo nacional no son para Mugica aquellos seres extraños e invasores de los que habla Onganía, sino que son el hambre, la enfermedad y el analfabetismo. El origen de la "restricción", mal que "padece" la Argentina, se debe además a la "presión" de la política de la dictadura misma, a que "... este sistema quiere tener las cosas perfectamente ordenadas, controladas..." (94). Este exceso de control, junto a los otros factores nombrados, enferma al cuerpo social, lo inmoviliza, lo debilita y le niega el derecho de actuar por sí mismo de acuerdo a sus propios valores y decisiones.

Mugica, a pesar de su posición en la lucha ideológica, consciente de su extracto social diferente de los pobladores de las villas miseria, afirma que son ellos los que están en peligro de "contaminarse con la [cultura] nuestra" (77). Y son los habitantes del mundo de la dictadura los agentes de la contaminación deformante. La deformidad es, en este caso justamente, la "cultura" occidental defendida en los discursos de Onganía, Levingston y Lanusse. La "Revolución Argentina" ha puesto "el sable de San Martín al servicio de los monopolios y del imperialismo internacional del dinero y de la reacción interior para aplastar al Pueblo, [y] para amordazarlo" (128).

Otros líderes políticos del momento adoptan también la misma metáfora. Es el caso por ejemplo de José Rucci, perteneciente a una facción de la oposición a la "Revolución Argentina" distinta a Tosco. En la solicitada de la Confederación General del Trabajo de la República Argentina, publicada en *Las Bases* (Año 1, enero 1972) firmada por él, Rucci habla de la crisis del sistema, y dice "que sin cambios profundos que modifiquen las estructuras y las reglas del juego, la salud no volverá al cuerpo de la república". Pero hay que anotar que la enfermedad en este caso, al igual que en el caso de Tosco, se debe a "la dependencia y el estancamiento, [...]la marginación política del pueblo ... la injusticia social".

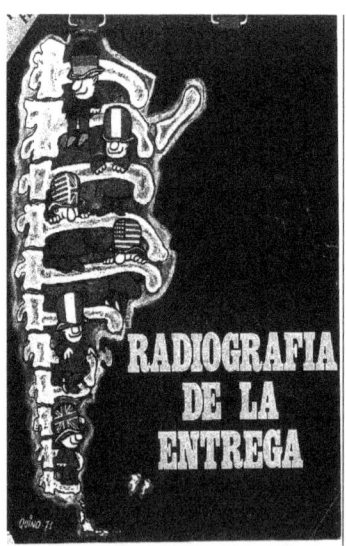

La tapa de la revista ilustra, con imágenes y con el título, lo que se representa como "la entrega" argentina a intereses extranjeros. *Panorama*. Año VIII N° 200, febrero-marzo de 1971.

Los discursos provenientes de diferentes fuentes de la oposición son consistentes en afirmar que la cura de la enfermedad no está en la política de la "Revolución Argentina". Por ejemplo, en la sección "La Argentina" del número 186 de noviembre de 1970 de *Panorama*, que transcribe los comentarios de Miguel Gazzera, ideólogo del peronismo, éste afirma que "si el país está enfermo, como lo está, y la actitud de la CGT tiende a curarlo con su posición, la medicina debe repetirse tantas veces como sea necesario". Muy cercana es la posición de Hugo Barrionuevo, secretario de prensa de la CGT cuando dice: "Contamos ya con los ingredientes necesarios para hacer una adecuada radiografía de la situación nacional. Ahora debemos mantener en actividad la materia viva y, a la vez trabajar a nivel de laboratorio" (9). Estas posiciones que vienen de la Confederación General del Trabajo, visualizan la solución al problema argentino en la actividad de esta unión de trabajadores que dice no sólo tener el diagnóstico de la situación--una adecuada radiografía--sino que afirma la necesidad de mantener la actividad, manifestándose en contra de ser ese paciente que recibe las órdenes y se deja guiar por el médico sabio en que la dictadura quería convertirse.

Coincide también con ello, la portada de *Panorama*, que en el número 200, de marzo de 1971, dibuja el contorno del mapa argentino, relleno de huesos que simulan las vértebras de un cuerpo, en las cuales están sentados muñequitos con sombreros que llevan las banderas de Estados Unidos, Inglaterra, Francia, Italia y Alemania, y cuyo título es "Radiografía de la entrega". Esto último reafirma el diagnóstico de la oposición: el mal está en lo que en los textos de Tosco y de Monti se describen como una penetración y que aquí claramente se diagrama como una entrega del cuerpo nacional a las potencias extranjeras.

También Perón visualiza las medidas salvadoras del cuerpo nacional propuestas por la política oficial como la causa misma del mal y establece lo equivocado de la "cura" que enfatiza únicamente el aspecto económico vinculado con la inversión del capital extranjero, que propone la "Revolución Argentina" (Baschetti 372). Según Perón, el procedimiento está errado. El proyecto de la dictadura, en cuanto contempla sólo un aspecto del problema, traerá finalmente la muerte de este cuerpo enfermo.

Sobre la muerte del cuerpo social sometido y sin posibilidad de escapar al control del que han hablado los discursos de la oposición, destinado a cumplir implacablemente las leyes económicas, parece también hablar *La fiaca* de Ricardo Talesnik que se estrena en el Teatro San Telmo, el 28 de septiembre de 1967 y se vuelve a poner en escena el 9 de abril de 1968. Talesnik muestra la agobiante rutina del trabajo. Néstor, su personaje principal, se ve obligado a pesar de "la fiaca" a volver a la empresa, después de haber causado gran revuelo en su oficina y en su casa con su negativa a seguir trabajando. El texto parece aludir a la deshumanización que trae el sistema capitalista y el trabajo aburridor y rutinario y la inutilidad del intento que hace el protagonista para escapar de él. *Panorama* en su número del 30 de noviembre de 1967, hace una crítica sumamente negativa, pues considera que la obra no "está formulada de modo coherente". Sin embargo, reconoce que al personaje "le molestan las empresas que masifican al ser humano y que eventualmente considera que el capitalismo es un monstruo que devora y embrutece", coincidiendo con la lectura que en este ensayo se propone de *La Fiaca*.

5. La Argentina era un manicomio...

La locura, en tanto enfermedad, se presta para su atribución al oponente desde los distintos discursos, debido a que esta desviación, lo es relativamente y en función de la percepción de lo que constituyen las normas sociales del momento; es un comportamiento social inapropiado respecto de la perspectiva de una moral y una cultura específicas. La aparición de patrones de comportamiento ajenos es lo que provoca la acusación de insanidad mental. Esta parece ser la razón por la cual la locura es una de las enfermedades que aparece con más frecuencia en el discurso teatral, en un momento en que la discusión se centra muchas veces, en lo que constituye la "normalidad" de la sociedad y el estado.

En *Hablemos*, *Ceremonia* y *El robot*, el concepto de miasma pasa a la psicología. De la enfermedad física, pasamos a la enfermedad mental. El ambiente del país aparece, en la escena, como contaminado psicológicamente, ello predispone a las enfermedades mentales y con ellas a la pérdida de la razón, la autoridad y la humanidad. Y esto se señala como un estado nacional, tal como *Ceremonia* lo afirma en el prólogo, "...la Argentina era un manicomio y los locos, nosotros mismos" (35).

En estos textos, se en enfatiza la relatividad de lo que se consideran comportamientos psíquicos no equilibrados. Este es el caso de *Ceremonia al pie del obelisco*, cuando por ejemplo afirma: "Pero no lo olviden: una locura cualquiera deja de serlo en cuanto se hace colectiva, en cuanto es locura de todo un pueblo" (*Ceremonia* 57). Si todos están locos, nadie lo está; por el contrario, parece afirmar el texto, tal locura es síntoma de la voluntad de la mayoría, síntoma de la posesión de la verdad social: "Hay locos que dicen las verdades que los demás ocultan, por no ser racional ni razonable decirlo. Y por eso se dice que están locos" (*Ceremonia* 43).

En *Ceremonia*, en una parodia al gobierno y confirmando la relatividad de la acusación, están las letanías de la procesión católica, a las que se suman Basile, el Intendente, y Azul, la señora de clase alta: "Encierra en una tumba las ambiciones enfermizas de la gente baja"(55). La manifestación y el reclamo de estas ambiciones, parece lo que convierte a los personajes en seres enfermos; enfermedad que, desde la perspectiva del discurso oficial presentado en este espectáculo, es la locura de exigir lo que las "ambiciones enfermizas" de la gente baja demandan.

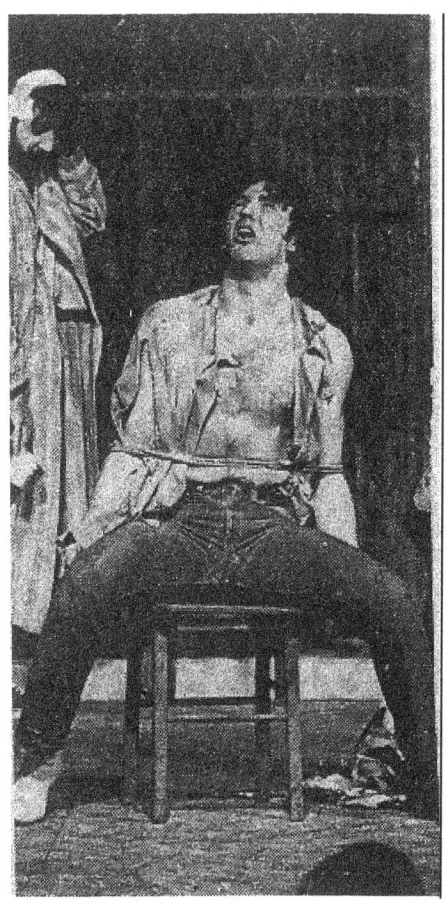

"Retórica de la violencia" (Epígrafe original). La escena de "*Ceremonia al pie del obelisco*" despliega tanto el encierro y la represión, como la violencia ejercida sobre el cuerpo. *Análisis*, 7 de junio de 1971

Este significado, resultado de la tensión que se produce entre las demandas de los personajes y el "orden" que se intenta imponer. Es interesante notar que la medicina que Basile administra a los enfermos tiene la finalidad de "adaptarlos a los valores, normas y conductas de nuestra sociedad..." (43). Se trata de la tarea de irlos "incorporando del lado de la razón" (Ibid 55). Queda claro, según *Ceremonia* sugiere, que la locura consiste en exigir el cumplimiento de las demandas sociales.

Vuelve a aparecer la locura en los textos de Mugica, pero esta vez para señalar una dosis de locura personal, cuya causa sería la estructura liberal de la sociedad argentina: "Precisamente este tipo de sociedad en la que vivimos tiende, de manera permanente, a distorsionar nuestra interioridad, a sacarnos un poco de quicio", afirma (110). Mugica, con "tipo de sociedad" se refiere a la sociedad "hedonista" del "tener"; aquella que vimos caracterizada por él, como el mundo de la superficie, la sociedad del mundo "moderno". En una palabra, la sociedad ideal del modelo cultural desarrollista de la "Revolución Argentina" es la causa de su estar "fuera de quicio", según el sacerdote jesuita.

Los discursos de Mugica y *Ceremonia* además de subrayar la relatividad de la locura a las normas sociales y señalar como su causante a la política oficial de la dictadura, ubican este desequilibrio en el gobierno; a esta opinión se suma Perón cuando afirma que la dictadura ha desarrollado "un verdadero corso de contramano" (Perón I: 139). El siguiente texto de *Hablemos* ejemplifica la discusión sobre el locus de la locura y lo ubica "identifica[ndo] a médicos y enfermeros con la dictadura y la represión" (*Análisis*, 26-7-71):

Padre: ...el nene no está bien de la cabeza...

Martín: El único enfermo de la cabeza es usted. Padre: ¡Yo soy una persona normal!... (70-71)

Ceremonia al pie del obelisco, *Hablemos a calzón quitado* y el discurso de Perón, acusan de locura a los "Otros", los representantes del gobierno y del orden y, en especial, al Padre.

Los diversos discursos de resistencia, oponiéndose a la cultura y los valores predominantes, y conscientes de la ambigüedad que rodea a los aspectos morales y existenciales de la locura y de los determinantes sociales de ella, encuentran en la metáfora de la locura, un medio eficaz para su mensaje (Spoerl 183), como acabamos de ver en este acápite.

6- La dictadura y la cura de la nación

¿Cómo conseguir la "cura" de este cuerpo nacional? Las propuestas de los discursos culturales estudiados dependerán del diagnóstico que cada uno de ellos haya hecho de la enfermedad, y del modelo cultural que propicien como el ideal para la nación argentina. En ningún aspecto se ve tanto la diferencia entre las diversas posiciones ideológicas de los discursos culturales en la Argentina del momento, como en la percepción de lo que constituye el mal de la nación y su solución. Las distintas facciones opositores al régimen dictatorial presentan diversas soluciones a un presente que todos rechazan.

Desde los discursos políticos opositores al régimen se esgrime la misma imagen. Tanto desde el peronismo ortodoxo (Miguel Gazzera) como desde el sector participacionista de la CGT (Hugo Barrionuevo) se afirma que es necesario "repetir la medicina tantas veces como sea necesario" y que teniendo ya "la adecuada radiografía de la situación nacional" es necesario trabajar para su recuperación (*Panorama* 186, 17-23 Noviembre, 1970: 9). La diversidad de las propuestas que veremos a continuación será, a la vez, la configuración de lo que cada uno de estos discursos entienden por la verdadera "argentinidad".

Recordemos la propuesta de Onganía que identifica la salud del cuerpo nacional con el proyecto de la recuperación del modelo de acumulación capitalista liberal. Este proyecto incluye la defensa de los valores de la clase media, de los valores religiosos tradicionales y la imposición de la "normalización económica". Según esto, el remedio para este mal está en realizar operaciones y tratamientos, aplicar inyecciones, o curas más o menos drásticas e incluso amputaciones cuyo fin es, según el discurso de la "Revolución Argentina", restituir el verdadero "ser" a la Argentina salvando así la integridad del cuerpo político. La cura que propone Onganía tiene dos aspectos, uno negativo, represor del mal y otro positivo o constructor, que responde al proyecto político de la "Revolución Argentina".

En la solución por la vía negativa, en la represión tanto de toda diferencia como de las demandas de reivindicaciones sociales, aparece el subtexto de la lógica de la Doctrina de la Seguridad Nacional. Se trata aquí del control y la represión a todo nivel, de todo lo que sea un obstáculo para reactivar lo que se entiende en el discurso oficial como la vida de la nación. Represión que Onganía explícitamente justifica en sus declaraciones publicadas en *La Prensa*, el 16 de agosto de 1967, donde reconoce que la "Revolución Argentina" es una situación de excepción que justifica medidas extremas pues, aunque

> No cabe duda de que tratándose de luchas ideológicas la represión es el medio menos eficaz para hacer triunfar la propia ideología [...] existen algunos momentos en que ... no cabe otra alternativa que la represión. Cuando lo que está en juego es nuestro sentido cristiano de la vida, se ha-

ce necesario apelar a recursos extremos, por más desagradables que nos resulte su aplicación. (Avellaneda 91)

La "represión" no sólo es la única alternativa posible frente al peligro de muerte que constituye el poner en riesgo el "sentido cristiano de la vida", sino que resulta, según Onganía, ampliamente justificable. El mal, identificado con el comunismo y el surgimiento de los grupos guerrilleros, es según el dictador, "el mayor peligro actual" y debe ser controlado aun a costa del cercenamiento del cuerpo nacional. La "guerra total" queda justificada y la "estrategia total" tiene varios frentes: "el económico -clave para el binomio 'seguridad-desarrollo'-, el psico-social (incluida aquí la religión) y el político y el militar". Las Fuerzas Armadas son el agente de esta acción y su aliada "natural e íntima" en la lucha, la Iglesia tradicional. Tal como continúa apunta Calvo

> El agente de esta estrategia es la institución armada de la sociedad, que, frente a la corrupción moral de los civiles, ha tenido que intervenir en la conducción de la sociedad. La Iglesia se concibe como aliada natural e íntima en la guerra contra el marxismo. (36-7)

El epígrafe original pone en evidencia la percepción del peligro que constituían los sacerdotes de la Teología de la Liberación y el deseo de asimilarlos con el "mal", que en este caso es el infierno. De ahí que los "extraños" más temidos en la Argentina ya desde 1966 hayan sido los curas tercermundistas con su discurso comunitario, aliados coyunturales de los grupos marxistas sindi- cales y obreros en la lucha contra la dictadura.

Carlos Mugica: La máquina infernal. Primera Plana. Año VIII N° 1.

Esta situación de excepción, que pone en peligro de muerte al cuerpo nacional, se fue agudizando a medida que el Estado perdía el apoyo social inicial, debido a las medidas drásticas políticas y económicas que había implementado sobre todo a partir de 1967. Por ello, el 28 de julio de 1970, frente a la intensificación de las actividades guerrilleras y con posterioridad al asesinato del Teniente General Pedro Aramburu, Levingston, explícitamente, reconoce el comunismo como la causa de la "gravedad" del cuerpo nacional:

> la subversión internacional ha elegido a nuestro país como el campo fundamental donde llevara su centro de gravedad continental... Ejemplos de mi aseveración constituyen el asesinato de Vandor, los hechos de La Calera, el increíble episodio del general Aramburu. (8)

Para salvar esta grave situación, se pone en marcha el "Plan Nacional de Desarrollo y Seguridad", basado en la Doctrina de la Seguridad Nacional que según Levingston, significa el definitivo despegue del país hacia la revolucionaria transformación de su fisonomía, tanto en lo espiritual como en los social-económico y en lo jurídico para rescatar así la autenticidad de sus instituciones republicanas; objetivo fundamental de la Revolución Argentina (23 de diciembre de 1970).

Se trata de restituir a la Argentina una nueva "fisonomía" que corresponda a su identidad. De volver a crear los verdaderos ciudadanos argentinos en la medida en que se expulsa de la nacionalidad a los elementos extraños y de- formantes.

Según Levingston, además de "pretende[r] que el pueblo argentino reciba todos los días una inyección de optimismo que [...] levante su espíritu", tal como afirma en su mensaje a la televisión española (6), es necesario tomar medidas mucho más drásticas. Ante el peligro mortal, la medicina para la nación enferma tiene que ser reprimir radicalmente todo movimiento político, cultural, social o deportivo que disienta de los lineamientos impuestos por la moral y los valores de la ideología de la "Revolución Argentina", aunque como la quimioterapia que lucha contra el cáncer, debilite el cuerpo social en función de su recuperación total.

Ya Onganía había propuesto que junto a esta "eliminación" de la enfermedad y sus elementos de contagio, era necesario "fortalecer nuestra vida comunitaria". Para ello resultaba indispensable "dinamizar y promover las posibilidades de todas las células que la integran" (Onganía *Comunidad*). Y es en el recetario de medidas "positivas" que la dictadura plantea para sacar al país del "estancamiento" donde aparece la lógica del capitalismo liberal. Se prescribe inyectar capital, modernizar las estructuras, recibir y estimular la ayuda económica y la inversión extranjera. La relación estrecha y necesaria entre seguridad y desarrollo es evidente en la aparición simultánea de la propuesta neo- conservadora liberal y la doctrina de la Seguridad Nacional, pues "No puede haber seguridad sin desarrollo, como tampoco desarrollo sin seguridad" (Calvo 28).

Esta combinación de medicinas represivas y energizantes logrará, según la dictadura, la recuperación de la salud del cuerpo político, que recuperará su "verdadera fisonomía" y emprenderá la marcha hacia el futuro, acortando la distancia que lo separa de los países de alto desarrollo tecnológico, respetando los valores de la cultura "occidental y cristiana" tradicionales en la nacionalidad argentina.

7. Diagnóstico y reactivación del cuerpo nacional en la resistencia

Los discursos que forman la práctica de resistencia coinciden en la elaboración de la imagen del padecimiento de la nación, tienden a señalar la política oficial como la causa del mal. La diversidad ideológica de los distintos grupos, que hasta aquí ha quedado bastante encubierta debido a que ellos se habían agrupado alrededor de la resistencia a la "Revolución Argentina" sin plantear sus diferencias, aparece mucho más claramente cuando proponen sus soluciones (curas) para el país enfermo. Si comparamos las propuestas de Tosco, un dirigente sindical marxista con las de Mugica, un sacerdote cristiano del Tercer Mundo y recordamos sus espacios ideológicos, podemos comprender por qué Tosco usa, a diferencia de Mugica, un tono primordialmente combativo; él propone formas concretas de lucha, organizaciones, convenciones colectivas, el cumplimiento de sus cláusulas y sobretodo recomienda la organización y movilización obrera, propias de la modalidad de la lucha sindical.

Todos los discursos de la oposición (1966-73) están de acuerdo en que se trata de lograr la recuperación de la salud de este cuerpo inmovilizado, maltratado y estancado mediante la restauración del movimiento y los sentidos (la voz y la vista). Pero en las soluciones propuestas y en la modalidad para conseguirlas aparecen las diferentes posiciones políticas desde las que se emiten las propuestas. Algunos discursos de la oposición elaboran la resistencia en numerosas imágenes en las que el cuerpo nacional recobra la visión, el habla y el movimiento. La recuperación de las capacidades negadas o reprimidas, al mismo tiempo que desautoriza el discurso de Onganía cuya política se señala como la causa de la disminución de estas capacidades, desafía la propuesta dictatorial que representaba a las Fuerzas Armadas como la cabeza sabia del cuerpo nacional, capaz de "guiarlo" y protegerlo.

Veamos a continuación las diferentes propuestas. Tosco visualiza el cuerpo nacional maniatado y amordazado por los "usufructuarios de[l] sistema inhumano", el liberalismo económico:

> deben saber que hoy vivimos en un país y en un mundo, donde ya no hay vendas que puedan tapar los ojos de los que quieren ver; donde ya no hay mordazas que puedan hacer callar la voz de los que quieran gritar; donde ya no hay represión que pueda doblegar a los que están dispuestos a vivir de pie. (156)

El enfrentamiento apasionado, evidente en el tono de este texto, es una característica del discurso de Tosco. Este afirma que la represión ya no es suficiente para tener al cuerpo nacional paralizado; el cuerpo ahora está dispuesto a recuperar la vista, la voz y el movimiento aun mediante la violencia; en una alusión que recuerda la dualidad actividad/ pasividad propuesta por el discurso de Onganía respecto del cuerpo nacional feminizado, establece la "tremenda diferencia entre el objeto paralizado y el sujeto consciente activo" (Tosco 214), para afirmar la necesidad de que la Argentina recupere la subjetividad y la capacidad de agencia, cuya principal fuente son las agrupaciones obreras.

En distinto tono, pero no menos combativo, Mugica pide prestada la voz a los Evangelios y de modo más denunciador que acusador, más redentor que violento, pone el acento en la liberación de los habitantes del submundo de Buenos Aires que, según su discurso, conforman la verdadera Argentina. Es necesario por ello, "dar voz a los que no tienen voz": aquéllos que son los elementos constitutivos de la nacionalidad (173).

El grupo de rock llamado La Barra de Chocolate gana el Festival Nacional de Música Beat el 21 de octubre de 1969 con un rock cuyo título "Alza la voz", alude a la misma elaboración imaginaria del cuerpo nacional que, amordazado, necesita recuperar la capacidad de expresarse autónomamente:

Alza la voz que te van a escuchar

aunque no la escuchen, álzala igual

porque tú quieres vivir,

porque no quieres morir, no,

¡Alza la voz! (Fernández Bitar 41)

Coincidiendo con Mugica y Tosco, este rock equipara también la recuperación de la voz con la vuelta a la vida y la voluntad de vivir.

La ceguera como mal localizado en la cabeza, que impide funcionamiento autónomo, es una imagen recurrente en la escena del momento. En *Ceremonia* después de que el Intendente Basile ordena el fusilamiento de "los que querían traer a Perón de vuelta", las acotaciones dicen: *(Los soldados disparan y ahora caen el general (Correa) y Arnaldo. Basile observa el cadáver de Arnaldo. Las mujeres les quitan las vendas. Arnaldo se incorpora y le coloca la venda a Basile (60).*

Tras lo cual, los locos y las locas violentas danzan alrededor de Basile, el intendente que ha sido inmovilizado y al que se le han colocado las vendas en los ojos después de que las mujeres que han quitado las vendas a los cuerpos que han sido reprimidos bajo la fuerza de los soldados. Es interesante notar que en la restauración de la vista las mujeres tienen papel activo: son ellas las que, al quitar las vendas, hacen posible la devolución de la visión a los cuerpos caídos. A esto se suma el estribillo que dice "Estaba el gorila ciego/ sólo en el gorilero" adjudicando la ceguera ya no a los cuerpos vencidos bajo la presión de las armas, sino al "gorila".[56]

En *El campo*, la metáfora de la ceguera relaciona la debilidad y la complicidad de la sociedad con el control dictatorial. Como ya vimos, Emma, su protagonista, adopta una ceguera selectiva cuando se niega a ver la realidad y sigue actuando en contra de las evidencias que le dan tanto la gestualidad corporal de Franco, como el mal estado de su propio cuerpo enfermo y maltratado,

> Martín: Si, está destrozada. ¿Pero por qué? ¿Quién la rapó? *(Como si no entendiera).* ¡Ahora!

---

[56] Nombre con el que se conoce tradicionalmente a los mayores enemigos del peronismo, en este caso, el gobierno de la "Revolución Argentina" que había borrado tal agrupación política de la vida nacional.

Emma: (*áspera*). Tengo el pelo corto. Por las pelucas. Necesito cambiar de peinado en cada concierto. Es más práctico. Una peluca y listo. (35)

Ella niega la evidencia de su cabeza "destrozada" y "rapada", y encuentra siempre una explicación posible para racionalizar una realidad destructora.

Este cuerpo nacional que aparece amordazado y ciego en los textos de la oposición está, según ellos, también inmovilizado. Tosco propone que a esta "paralización [del cuerpo] debe suceder la movilización sindical" (215). Según él, para lograrlo, "el único camino es el de la acción"(210) y ésta consiste en la "rebelión de las bases" (104) formadas por los cuerpos de los obreros que se encuentran inmovilizados por el sector social privilegiado que "descansa" sobre ellos.

Aunque Mugica propone una elaboración semejante, hay un sutil cambio de énfasis en su propuesta de "movilización" respecto al discurso de Tosco. Este no hace tanto hincapié en la lucha ni en la organización necesaria para la resistencia. Más bien pone el acento en el alcance de niveles humanos de existencia, y en la necesidad, de "responder a ese apetito fundamental de divinidad que tiene el hombre" (101), aunque su discurso no excluye el llamado a la "violencia justa".

Ello obedece a que el discurso de la Teología de la Liberación busca el cambio no sólo de estructuras externas sino también de "estructuras internas" (111). Para lograr la revolución social es "necesario realizar el proceso interior de la conversión continua del odio al amor para buscar el poder no para dominar sino para servir" (129). Lo indispensable en la lucha tal como la plantea Mugica es "ayudar al hombre a ponerse de pie" (113), puesto que al hombre que arrastra desde generaciones una conciencia de explotación y opresión, le es muy importante tomar consciencia de su propia dignidad, para movilizarse, para organizarse y luchar realmente por acceder al poder. (115)

Según Mugica es el amor, la dignidad y la toma de conciencia lo que dinamiza la resistencia y el cambio, y posibilita el acceso al poder. *Hablemos* y *La valija*, particularmente cercanos a la propuesta de la Teología de la Liberación, presentan una imagen contigua a la de Mugica, en la que la "salvación" llega gracias a una revolución interior cuyo catalizador e instrumento liberador es el amor carnal, tal como vimos anteriormente.

El robot de Pavlosky se sitúa también en un espacio adyacente a la crítica de Tosco y Mugica respecto a su mirada de la "Revolución Argentina", pero añade su crítica escéptica a las opciones alternativas propuestas por el cristianismo de izquierda y el sindicalismo marxista. En este drama Pavlovsky presenta tres personajes, todos autores de crímenes violentos: Mr. Ronald, que ha asesinado a una niña de 12 años, Mr. Casoq, que ha tirado una bomba y mató a varias personas y la Señora que ha quemado a sus propios hijos. Los tres culpables de estos crímenes son incapaces de manejar su vida y sus actos: son robots, seres sin capacidad de decisión ni acción propia. Idea que queda subrayada con el final de la propuesta cuando nace el "hijo del futuro" que tiene la forma de un robot. Si bien el discurso de Pavlovsky critica también la inacción de la sociedad argentina y parece llamar a la decisión y la expresión de la voluntad y al rechazo de la sumisión y obediencia incondicional al poder, exhibe al mismo tiempo una actitud distanciada y crítica de la situación. Tanto en *El robot* como en *La cacería* de Pavlosky, sus personajes buscan respuestas en el comunismo, el cristianismo y el capitalismo -las tres opciones más claras en la discusión política argentina- sin encontrarlas.

---.---.---.---.---

Todos los discursos de la oposición coinciden en que la inmovilización política que se había impuesto mediante las limitaciones de la participación del cuerpo social en la vida nacional es la causa del mal, pero difieren en el camino de la redención del cuerpo nacional. Afirman que este cuerpo nacional maltrecho, ciego y acallado está vivo y tiene la fuerza para incorporarse y recuperar el movimiento, la visión y la voz, para juzgar la realidad con una visión más amplia y rebelarse contra ella; pero, al contrario de lo propuesto por Onganía y Levingston, la recuperación de la Argentina se va a dar por medio de la participación y la movilización de estos sectores excluidos de la nacionalidad por la "Revolución Argentina".

Como dijimos al principio de este acápite, en la diversidad de las alternativas propuestas se ven las profundas divergencias que, en el campo ideológico programático, presentan los grupos que conforman la sociedad argentina del momento. Los discursos de la resistencia se sitúan muy cercanamente en cuanto se trata de hacer frente a la política de la "Revolución Argentina", pero recorren líneas divergentes, cuando se trata de optar por los medios para la resistencia, para encontrar una solución y defender los fines que ellos proponen.

CONCLUSIÓN

...lo que suele sobrevivir a las revoluciones cruentas

es lo peor del *ancien régime*

(Sandler).

Estos siete años de la historia argentina (1966-1973) constituyen un momento de esencial estudio para la comprensión de los sucesos histórico-políticos argentinos posteriores, tanto de la dictadura del "Proceso de Reorganización Nacional" como de la actualidad en la que finalmente se ha logrado imponer, en la Argentina, el modelo económico neoliberal con el apoyo -tal como sucedió en el período estudiado- del Fondo Monetario Internacional y de los Estados Unidos. Recordemos cómo en 1967 Richard Nixon declaró que "Onganía [tiene un] gran respeto por las instituciones libres, la libertad de prensa y las leyes... [y que su] gobierno [es] libre y representativo". En octubre de 1968 el Fondo Monetario Internacional premia a Onganía y su ministro, con la designación de presidente del Congreso anual (Anzorena 25-37).

Como ya afirmé en el prólogo, uno de los matices más interesantes de este trabajo es la analogía de las razones que justifican la política del proceso de la "Revolución Argentina" con las esgrimidas por la dictadura del "Proceso de reconstrucción nacional" y por el gobierno de M. Macri y la restauración neoliberal (2015-2019). En la "Revolución Argentina", como en las instancias posteriores a ella mencionadas, justifican sus políticas bajo las "razones" de la búsqueda de la unificación de la nación, la marcha hacia la integración al mundo desarrollado y el progreso. La Argentina llegaría según sus discursos mediante la imposición del liberalismo de libre mercado, a ser un país integrante del proceso de la globalización y con ello, a ser parte del Primer Mundo.

Este proceso de alienación/extranjerización, y la pretensión de integración al Primer Mundo, se cumple especialmente en las metrópolis de las finanzas ya desde la "Revolución Argentina". La gran afluencia de empresas y capitales extranjeros en detrimento de las empresas nacionales trae a la memoria la exclamación del nacionalista Julio Irazusta, cuando en 1971, en la entrevista con Jorge Lozano, al divisar la silueta del Sheraton todavía en construcción pregunta: "¿Qué es ese dinosaurio?" Y ante la respuesta "mirando al reloj de la Torre de los Ingleses, murmuró: 'Es la hora de los yanquis' (*Panorama*, Año VII. Nº 200 23 de febrero-1º de marzo, 1971, 19).

Sin embargo, el proceso actual es mucho más agudo y radical que aquél. Esto se debe, por una parte, a la ausencia por aniquilación de una agencia histórica capaz de presentar oposición, tal como la hubo en su momento en los sesenta, y por otra, a la aparición de las recetas neoliberales que se presentan con el apoyo de los ideólogos y filósofos de turno como la única salida a la crisis económica que a partir de 1974, sufre el modelo económico de la posguerra: recesión, baja tasa de crecimiento y elevada inflación.

La democracia nunca ha sido un valor central para el neoliberalismo, ella puede ser irreconciliable si la mayoría interfiere en los derechos incondicionales de los agentes económicos para disponer de su propiedad e ingresos; en la Argentina el intento de imposición del modelo neoliberal fue la razón detrás de la dictadura de la "Revolución Argentina", del "Proceso de Reorganización nacional" y finalmente del gobierno neoliberal de Juntos por el Cambio, de los últimos cuatro años (2015-2019).

El resultado es que el país vive una crisis sin precedentes. Según una declaración de la Asociación de Psiquiatras Argentinos, la situación actual es

> el estadio final de un largo proceso de deterioro de valores, condiciones de vida, pérdida de sentido de la nacionalidad, individualismo exaltado en detrimento del compromiso comunitario, corrupción e impunidad ... entre otros múltiples factores negativos de retroceso social y desintegración progresiva.

El período de La "Revolución Argentina" llegó a su fin con el llamado a elecciones, por la presión ejercida por los agentes históricos que tenían, a pesar de todo, un decir en la arena política. La dictadura que sigue a la "Revolución Argentina", el "Proceso de Reconstrucción Nacional" elimina casi por completo una generación de intelectuales, estudiantes, trabajadores e ideólogos y deja el campo listo para el triunfo de la política neoliberal con su principal finalidad: la dictadura ilimitada del mercado y de los capitales.

Y suenan contemporáneas las palabras que en 1970 pronunció Jorge Selser:

> Los argentinos estamos luchando en todo el país en una batalla de sobrevivencia frente al privilegio antinacional. En distintos campos, desde los trabajadores hasta los estudiantes, desde la juventud a la madurez, se pugna por abrir caminos de realización que se les han cerrado... Las fuerzas de la producción, sin cónsul en los bancos y en la política económico-financiera oficial, trabajan estérilmente para escapar a la competencia y voracidad desnacionalizadora de los monopolios, que sí tienen cónsul y pro-

tección real en el país. (*Panorama* No.186, 17-23 de noviembre 1970: 11)

Hoy se vuelve a hablar de la Argentina como un "enfermo terminal cuyo último suspiro hará estremecer a una sociedad entera y probablemente al mundo" (*Le Monde*). Pero la enfermedad es ahora justamente, el resultado de la aplicación de la cura que la "Revolución Argentina" proclamaba: apertura de mercados, facilidad a los capitales extranjeros, abolición de los sindicatos, etc.

Los discursos de la "Revolución Argentina" hablaban de un afán de homogeneización de la nación, la unidad era lo que se proponía como una solución a los problemas del momento. Esta unidad podía ser o bien homogénea -discurso de la dictadura y sus aliados- o heterogénea -como el discurso de la oposición proponía y que se llevó realmente a cabo cuando, en el 73 todos los partidos y fuerzas de la oposición, más allá de sus diferencias fueron a las urnas y dieron su voto por el peronismo.

Achugar, al analizar la globalización, propone "acudir al pasado, a la aldea, a la tradición... y desde allí resistir" (849). Y en esa resistencia, mirar al pasado, no como un espacio ejemplar, sino como un paisaje problemático que nos permite señalar los vacíos, las brechas y las "fallas" del discurso oficial de la historia para que se traduzca en una ofensiva eficaz.

En este ensayo he dejado hablar y dialogar a las imágenes proyectadas por los discursos y los gráficos que aparecen en los medios de la época. Y el resultado ha sido un paisaje que explica, desde la cotidianeidad del momento, la dialéctica metafórica que encierra la lucha política tanto por imponer ideologías varias, como por defender derechos ganados o el subsistir cotidiano de los argentinos. Estos discursos revelan una lucha simbólica que gira alrededor de la preeminencia que se da, desde el Estado, a los intereses de los capitales internacionales versus los valores del trabajo, el gasto social y los derechos a la salud, a la vivienda, a la educación e incluso a la asociación en sindicatos.

Si como Achugar adoptamos la heterogeneidad como el rasgo especifico de Latinoamérica, sería conveniente defenderla. Esto pondría seriamente en duda todos los procesos de homogeneización, vía invasión económica-cultural, que el discurso de los defensores del modelo económico representa en una metáfora cercana al discurso de Onganía: como el ingreso triunfante en el Primer Mundo económico y financiero. El proceso no parece ser de hibridación - aunque formalmente las exhibiciones en los museos, la comercialización de la música, el auge de las comunicaciones parezcan mostrarlo- sino que se acerca más a lo que Fernández Retamar ha llamado desculturación, o sea un proceso que implica necesariamente la pérdida o el desarraigo de una cultura (Ortiz 96- 7), por la imposición de aquéllos que tienen el poder económico y político.

El concepto de nación y de identidad nacional, que si bien, en determinados casos, sirvieron para expulsar de la nacionalidad todo aquello que no convenía al modelo cultural del momento, también eran un pivote en la definición de las identidades culturales latinoamericanas y la defensa de los intereses de los países latinoamericanos frente al poder multinacional. Diluida esta identidad, dudo que la llamada globalización sea capaz de construir una identidad única. Se han agudizado las diferencias entre los grupos sociales y sus representaciones del "otro". La única ilusión identificatoria se produce principalmente por la posibilidad de acceso a bienes de consumo cuyo alcance ilusoriamente se define como "progreso". Sin embargo, cada vez son menos los que tienen ellos y es imposible, por tanto, que se sientan parte de esa cultura global en otro modo que no sea el de ser las víctimas sacrificiales de la economía global. Por otra parte, el discurso globalizador del neoliberalismo niega el concepto de nación y de una identidad cultural bien definida, solamente mientras no lo necesite para sus propios fines, tal como muestra el discurso de George W. Bush después de los acontecimientos de septiembre del 2001, que no ha vacilado en acudir a él cuando es conveniente para la justificación de la política exterior norteamericana.

La situación económica y política nos lleva hoy a la misma pregunta que, en los setenta a raíz del Gran Acuerdo Nacional, se planteaba en los medios. En ese momento ella se refería a los venideros años ochenta, a la década siguiente. Hoy nos la hacemos sobre el futuro inmediato de la Argentina, de los argentinos y de Latinoamérica toda. Al respecto, es impactante la actualidad de la declaración que en 1969 hace la Delegación Regional de Córdoba de la CGT de los Argentinos:

> Durante años solamente nos han exigido sacrificios. Nos aconsejaron que fuéramos austeros: lo hemos sido hasta el hambre. Nos pidieron que aguantáramos un invierno: hemos aguantado diez. Nos exigen que racionalicemos, así vamos perdiendo conquistas que obtuvieron nuestros abuelos. Y cuando no hay humillación que nos falte padecer, ni injusticia que reste cometerse con nosotros, se nos pide irónicamente que participemos. Les decimos ya hemos participado y no como ejecutores, sino como víctimas en las persecuciones, en las torturas, en las movilizaciones, en los despidos, en los desalojos. No queremos ya esta clase de participación. (Anzorena 50)

En aquel momento, la respuesta fue la violencia armada y la unidad que, superando las contradicciones, marchó a las urnas; hoy, cuando se declara la muerte de las utopías, y cuando se proclama el "fin de la historia", la gente resiste y se une nuevamente para realizar sus pequeñas utopías. Vuelven a surgir las protestas explícitas de ciertos grupos afectados o las implícitas en los productos culturales del momento. A fines del siglo XX y comienzos del XXI, es posible observarlo no sólo en los espectáculos de teatro popular como los del grupo de teatro comunitario Catalinas Sur -*El Fulgor Argentino, Club Barrial y Deportivo*- o en la crítica velada que puestas callejeras como *El Herrero y el diablo*, del grupo La Runfla de Avellaneda o *Los chicos del cordel*, de Los Calandracas del Centro Cultural Barracas, que son recibidas con aplauso aprobatorio y cómplice de parte del público, sino en algunas producciones de sala como las propuestas de Federico León, de Los Macocos y algunas del Periférico de los Objetos, por mencionar sólo algunos ejemplos. Estos espectáculos, recurriendo a las más diversas estéticas, exhiben las condiciones de existencia de amplios grupos de ciudadanos a los que se les niegan los derechos humanos más básicos y revelan, mediante la visualización metafórica, las facetas oscuras de la sociedad y de sus componentes actuales.

En palabras de Richard,

> ...queda por imaginar el trabajo de una memoria que no sea la memoria pasiva del recuerdo cosificado, sino una memoria-sujeto capaz de formular enlaces constructivos y productivos entre el pasado y presente para hacer estallar 'el tiempo ahora' (Benjamin) retenido y comprimido en las partículas históricas de muchos recuerdos discrepantes y silenciados por las memorias oficiales."(32)

En el recorrido que hemos hecho en este ensayo a través de la producción cultural de la época correspondiente a la "Revolución Argentina", se aprecia cómo el teatro, la lírica popular, la caricatura, etc. vistos a la distancia y leídos como parte de una constelación de productos culturales que gira alrededor de una situación histórica específica, forma parte de un sistema metafórico que constituye una poética distintiva, que revela aspectos que la macro-historia ha dejado de lado y que permite vislumbrar la vida y la lucha diaria de los ciudadanos argentinos en ese momento de la historia, haciendo posible, desde la perspectiva del vivir cotidiano, una mejor comprensión del devenir histórico y de la encrucijada de ese pasado denso y sus posibles relaciones con el presente.

OBRAS CITADA

Achugar, Hugo. "Repensando la heterogeneidad latinoamericana (a propósito de lugares, paisajes y territorios)". *Revista iberoame- ricana. Crítica cultural y teoría literaria*: Julio Diciembre 1996, 176-177.

Adellach, Alberto. "Chau papa". *Teatro 70*. 8-9, 1971, 91-17 l. Anderson, Perry. *Historia y lecciones del neoliberalismo* Trad. Alfredo Camelo Bogotá. Febrero 11, 2002. On Line.

Anderson, Ben. Affect and Biopower: Towards a politics of life. In *Transactions*. Institute of British Geographers. https://onlinelibrary.wiley.com/doi/abs/10.1111/j.1475 - 5661.2011.00441.x. 04/12/2011. Viewed on June 1sr, 2018.

Anzorena, Oscar. Violencia y utopía. *Del golpe de Onganía (1966) al golpe de Videla (1976)*. Ediciones del Pensamiento Nacional, 1998.

Argentina. Presidencia de la Nación. *Mensajes del Presidente de la Nación. General de Brigada (R.E.) Roberto Marcelo Levingston*. Jun. 28 - Aug.10, 1970.

"Argentina 2002: APSA (Asociación de Psiquiatras Argentinos) declara". On Line. Febrero 11, 2002.

Avellaneda, Andrés. *Censura, autoritarismo y cultura: Argentina 1960-1983* vol. 1. Centro Editor de América Latina, 1986.

Baschetti, Roberto. *Documentos de la resistencia Peronista 1955-1970*. Punto Sur, 1988.

Biasini, Gian Paolo. *Literary Diseases. Theme and Metaphor in the Italian Novel.* University of Texas Press 1975.

Black. Max. Models and Melaplwrs, 1962. "How Metaphors work: A Reply to Donald Davidson". *On Metaphor.* Ed. Sheldon Sacks. The University of Chicago Press, 1978. 181-192.

Brooks, Franklin. "Pestilence and the Body Politic: The Testimony of Poussin, Corneille, and La Fontaine". *The Body Politic,* Ed. David George Hale.

Chantal Mouffe. "Democracia y pluralismo agonístico"*Derecho y humanidades* No 12, 2006, 17-27.

Casson, Ronald "Schemata in Cognitive Anthropology" *Anual Re- view of Anthropology* vol. 12 1983, 429-462.

Cohen, Ted. "Notes on Metaphor". *Journal of Aesthetics and Art Criti- cism* 34, 1976, 358-59.

Cohen, Ted. "Metaphor and the cultivation of Intimacy". *On Meta- phor* Ed. Sheldon Sacks. The University of Chicago Press, 1978. 1-10.

Cohen, Anthony P. The Symbolic Construction of Community. Ellis Horwood, 1985. Cossa, Roberto. *La pata de la sota.* Huemul, 1985.

Cossa, Roberto, et al. *El avión negro. Tres obras de teatro.* Casa de las Américas, 1970

"Critica de estrenos" *Talia* 37, 1970, 26.

"Critica de estrenos". *Talia* 39-40, 1970, 26-27.

De la Puente, Eduardo. *Rock! Antalogia analizada de la poesía rock argentina desde 1965*. El Juglar, 1988.

Defromont. Francoise. "Metaphorical Thinking and Poetic Writing in Virginia \Woolf and Helene Cixous". *The Body and the Text*. Ed. Wilcox et. al. Harvester Wheaisheaf, 1990.

"Doña Disparate y su laboratorio de burbujas"; *Confirmado* 1 Jan.1971.

Dussel, Enrique. *Praxis Latinoamericana y Filosofía de la Liberación*. Editorial Nueva América, 1983.

---.*Historia de Filosofía y Filosofía de la Liberación*. Editorial Nueva América, 1994.

"El teatro político: la explosión". *Confirmado*, 3 Jul, 1971, N. s/n

Fernández Bitar, Marcelo. *Historia del Rock en Argentina. Una investigación cronológica*. Editorial El Juglar, 1989.

Fernández. Arturo. *Las prácticas sociopolíticas del sindicalismo (1955-1985)*. 2 vols. Centro Editor de América Latina, 1988.

Foster, David William. "David Viñas: Lecturas deconstructivas y correctivas de la historia socio-cultural argentina". *Ideologies and Literature*. New Series. Vol 2, No2, Fall 1987.

Franco, Jean. "Self Destructing Heroines". *The Minnesota Review* 22,1984, 105-115.

Fryebarg, Stephanie and Raji Rhys. "Cultural Models". www.arizona/edu/sites/default/files/cultural_models.pdf

Fuchs, T. "The phenomenology of body memory". In: Koch, S., Fuchs, T., Summa, M., Müller, C. (eds.) *Body Memory, Metaphor and Movement*, pp. 9-22. John Benjamins, 2012.

Gadamer, Hans-George. *Verdad y Método*. Trad. Manuel Olasagati. Ediciones Sígueme., 1998.

Gambaro, Griselda. *El campo*. Insurrexit, 1992.

Garriga, Jose y Burton Gerardo ed. *Padre Mugica. Una vida para el pueblo*. Pequen Ediciones, 1984.

Gentile, Guillermo. "Hablemos a calzón quitado". *Teatro 70*.4-5, 1970, 41-81.

Goodman, Nelson. "Metaphor as Moonlighting". *On Metaphor*. Ed. Sheldon Sacks. The University of Chicago Press, 1978. 175-180.

Gravano, Ariel. *El silencio y la porfía: el Boom del folklore*. Ediciones Corregidor, 1985.

Grinberg, Miguel. *La música progresiva argentina. Como vino la mano*. Buenos Aires: Editorial Convergencia, 1977.

Hale, David George, *The Body Politic. A Political Metaphor in Renais- sance English Literature*, Mouton & Co, N.V. Publishers, 1971.

Imaz, José Luis de, *Los que mandan*. Editorial Universitaria, 1969.

Kustin, Aldo, Ramalo & Valdez. *Cortate el pelo cabezón*. Editorial Re-lay,   1973.

Landot, Jorge 0, et al Eds. *Tosco; escritos y discursos*. Contrapunto, 1985.

Lanusse, Alejandro, *Mi testimonio*. Lasserre Editores, 1977.

---.*Directiva General de Gobierno del Presidente de la Nación*, Secretaria de la Nación, Argentina: Mar, 31, 1971.

---.*Información al pueblo argentino*, Secretaría de la Nación Argentina: feb, 4, 1970.

---. *Confesiones de un general*. Editorial Planeta, 1994,

Levingston, Roberto Marcelo, "Mensaje a la televisión española", *Mensajes del Presidente de la Nación*, Jun 1970, 5.

---.- "Dialogo con periodistas en Córdoba, en el Día de la Fuerza Aérea", *Mensaje del Presidente de la Nación*, Aug, 1970, 13-16,

---."Exposición al efectuarse la primera reunión de gabinete", *Mensajes del Presidente de la Nación*, Jul. 1970, 7-12.

---. "Mensaje a la ciudadanía con motivo del asesinato del teniente general (RE,) D. Pedro Eugenio Aramburu" *Mensajes del Presidente de la Nación*, Jul 1970, 6.

---. *Lineamientos del Plan Nacional de Desarrollo y Seguri• dad 1971-1975*, Presidencia de la Nación, Argentina: Dec, 23, 1970.

---. Bases para el plan político, Mensaje del Presidente de la Nación. Presidencia de la Nación. Argentina: Dec.4. 1970.

---. Mensaje del Presidente de la Nación a los Gobernadores. Presidencia de la Nación. Argentina: sept. 29. 1970.

"Nacionalismo o liberalismo oligárquico. Dos concepciones de la traición a la patria". *Las bases.* 4 de enero de 1972.

Lopez Echague, Hernán. *Palito Ortega. Del ocaso artistico al exito político.* Letra Buena S.A., 1991.

"Los últimos estertores del Modelo. Navidades calientes en Argentina", editorial. *Le Monde.* Enero 2, 2002. On Line.

Luna, Felix. *Perón y su tiempo.* Editorial Sud• americana, 1992.

Luzuriaga, Gerardo Ed. *Popular Theater for Social Change in Latin America.* UCLA Latin American Center Publications, 1978.

Martínez, Tomas Eloy. *La pasión según Trelew.* Editorial Planeta, 1997.

Marzullo, Osvaldo, Pancho Muñoz. *El rock en la Argentina: la historia y sus protagonistas.* Editorial Galerna, 1980.

Mauricio, Julio. "Como es el teatro en la Argentina". *Popular Theatre for Social Change in Latin America.* Ed. Gerardo Luzuriaga. UCLA Latin American Center, 1978.

---. *La valija.* Escelicer, 1971.

Moi, Toril. *Sexual/Textual Politics: Feminist Literar Theory.* Trans. Amaia Barcena. Ediciones Cátedra, 1988.

Mons, Alain. *La metáfora social. Imagen, territorio. comunicación.* Trans. Horaco Pons. Ediciones Nueva Visión, 1982.

Monti, Ricardo. "Historia tendenciosa de la clase media argentina·. *Talia,* 1971, 1-53.

O'Donnell, Guillermo. *Bureaucratic Authoritarianism. Argentina, 1966-1973 in Comparative Perspective*. University of California Press, 1988.

---. "Tensions in the Bureaucratic-Authoritarian State and the Ques- tion of Democracy". *The New Authoritarianism in Latin America*. Ed. David Collier. Princeton University Press, 1979. 285-318.

O'Neill, John. *The Communicative Body. Studies in Communicative Philo- so- phy, Politics, and Sociology*. Nortwestem University Press, 1989.

Onganía , Juan Carlos. *En el Salón Blanco de la Casa de Gobierno el Pre- sidente de la Nación, Teniente General Juan Carlos Onganía , dirigió el siguiente mensaje al pueblo de la Republica, el día 7 de noviembre de 1966*. Presidencia de la Nación. Argentina, 1966.

---. (Pres. Argentina 1966-1970) *Speeches*. 8 vols. Berkeley: University of Califomia Doc.

---. *Discurso del Presidente de la Nación en la Reunión de Punta del Este*. Secretaria de Difusión y turismo. Argentina: 1967.

Operto, Walter. "'Ceremonia al pie del obelisco'". *Teatro 70*,18-19 (1971): 41-63.

Ordaz, Luis. "Teatro argentino 1969". *Latin American Theatre Review*. Spring 1969.

Ortega, Palito. *Muchacho que vas cantando*. Ediciones Musicales SAIC, 1970.

---. *La felicidad*. Ediciones Relay, 1966.

Ortiz, Fernando. *Contrapunteo cubano del tabaco y del azúcar*. Biblioteca Ayacucho, 1978.

Pavlovsky. Eduardo. *El robot*. Letra Buena,1992.

---. " La cacería". *Teatro completo V*. Editorial Atuel, 2008 Pellettieri, Osvaldo. *Teatro argentino de los 60*. Buenos Aires, 1989.

Perón , Juan Domingo. *Correspondencia*. 3 vols. Ediciones Corregidor, 1983.

"Poesía. canto y esperanza'". *Visión* 8 Feb. 1968: 26-65.

Proaño Gómez, Lola. "Cocinando con Elisa: la cocina, escenario de la historia". *La escena iberoamericana*. Celcit 19-20 (www.celcit.org), 2001.

Richard, Nelly. *La insubordinación de los signos (cambio político, transformaciones culturales y poéticas de la crisis)*. Editorial Cuarto Propio, 1994.

Ricoeur, Paul. "The Metaphorical Process as Cognition, Imagination and Feeling". *On Metaphor*. Ed. Sheldon Sacks. The University of Chicago Press, 1978. 141-158.

---. *The rule of Metaphor: Multidisciplinary Studies of the Crea- tion of Meaning in Language*. University of Toronto (Ro- mance Series), 1978.

Romano, Eduardo. *Las letras del tango. Antologia cronológica*. Córdoba: Editorial Fundación Ross, 1991.

Sandler, Nestor. "La larga marcha hacia 1980 y como lograrla". *Panorama* No. 221 20-26, julio, 1971.

Sarmiento. *Facundo*. Editorial Losada, 1971.

Shacks, Sheldon. *On Metaphor*. The University of Chicago Press, 1978.

Scherb, Victor I. "The Earthly and Divine Physicians: Christus Medicus in the Croxton Play of the Sacrament". *The Body and the Text*. Ed. Wilcox et. al. Harvester Wheat-sheaf, 1990.

Scott, James. *Los dominados y el arte de resistencia*. Ediciones Era, 2000.
Silva, Federico. "Romance de la ciudad". *Las letras del tango*. Ed.

Eduardo Romano. Editorial Fundación Ross, 447, 1991.

Sontag, Susan. *Illness as Metaphor*. Mc Graw Hill, 1978.

---. *El sida sus metáforas*. Muchnik Editorial, 1988.

Spoerl, Linda Bell. "The Methods of Madness: insanity as Metaphor in five Modern Novels ". Diss. 1983.

"Teatro: Requiem para la izquierda". *Primera Plana* 432, 1971, s/n.
Tejada Gómez, Armando. *Coplera de Juan*. Editorial Melodía, 1970.

---. *Coplera del viento*. Editorial Lagos, 1967.

---. *Coplera del prisionero*. Editorial Lagos, 1970.

Terán, Oscar. *Nuestros años sesenta. La formación de la nueva izquierda intelectual argentina 1956-1966*. Ediciones El Cielo por asalto, 1993.

"Tiempo de Fregar". Primera Plana 329, 1969, s/p.

Tozzi, Verónica. *La historia según la nueva filosofía de la historia*. Prometeo, 2009.

Trejo, Mario. "Music-hall: Milagro en Buenos Aires". *Primera Plana* 277, 1968, s/n

"Una temporada sin pena ni gloria". *Visión* 2 Dec. 1972: s/n

Vidal, Hernán. *Crítica literaria coma defensa de los derechos humanos: cuestión teórica*. Juan de la Cuesta, 1994.

---.'The Notion of Otherness Within the Framework of National Identity". *Gestos* 11, 1991, 27-44.

Viglietti, Daniel. *Canciones para el hombre nuevo*. Editorial Lagos, 1973.

---. "Canción del hombre nuevo". *Canciones para el hombre nuevo*: 1-2.

---. "Milonga de andar lejos". *Canciones para el hombre nuevo*: 9-10.

Villegas, Juan. "Pragmática de la cultura: el teatro latinoamericano". Siglo XX. 1991-92.

Virno, P. *A grammar of the Multitude*. Semiotext. 2004.

Walsh, María Elena, *María Elena Walsh*. 2 vols. Editorial 1984.

---. "Canción de cuna para gobernante". *María Elena Walsh*: Vol. 2, 18-19.

---."Canción de caminantes". *María Elena Walsh*: Vol.2. 10-11.

White, Hayden. *The Content of the Form. Narrative Discourse and Historical Representation*. The Johns Hopkins Univ. Press, 1990.

---. *Tropics of Discourse*. The Johns Hopkins Univ. Press, 1985.

Williams, Raymond. *Marxism and Literature*. Oxford University Press, 1977.

---. *The Politics of Modernism*. Verso, 1989.

---. *Keywords*.1976. Oxford University Press, 1983.

---.*Problems in Materialism and Culture*. London: Verso, 1980.

Fuentes

Análisis 1971.

Cristianismo y Revolución 1969-1970

Confirmado 1970-1971

Gente 1973

Las Bases 1972

La Nación 1969

La Opinión 1971

La Prensa 1967

Panorama 1966-1973

Primera Plana 1968-1971

Satiricón 1969

Siete Días 1970

Talía 1966-1971

Visión 1972

Otras publicaciones de Argus-*a*:

Marcelo Donato. *El telón de Picasso*

Víctor Díaz Esteves y Rodolfo Hlousek Astudillo. *Semblanzas y discursos de agrupaciones culturales con bases territoriales en La Araucanía*

Sandra Gasparini *Las horas nocturnas. Diez lecturas sobre terror, fantástico y ciencia*

Mario A. Rojas, editor. *Joaquín Murrieta de Brígido Caro. Un drama inédito del legendario bandido*

Alicia Poderti *Casiopea. Vivir en las redes. Ingeniería lingüística y ciberespacio*

Gustavo Geirola. *Sueño Improvisación. Teatro. Ensayos sobre la praxis teatral*

Jorge Rosas Godoy y Edith Cerda Osses. *Condición posthistórica o Manifestación poliexpresiva. Una perturbación sensible*

Alicia Montes y María Cristina Ares. *Política y estética de los cuerpos. Distribución de lo sensible en la literatura y las artes visuales*

Karina Mauro (Compiladora). *Artes y producción de conocimiento. Experiencias de integración de las artes en la universidad*

Jorge Poveda. *La parergonalidad en el teatro. Deconstrucción del arte de la escena como coeficiente de sus múltiples encuadramientos*

Gustavo Geirola. *El espacio regional del mundo de Hugo Foguet*

Domingo Adame y Nicolás Núñez. *Transteatro: Entre, a través y más allá del Teatro*

Yaima Redonet Sánchez. *Un día en el solar, expresión de la cubanidad de Alberto Alonso*

Gustavo Geirola *Dramaturgia de frontera/Dramaturgias del crimen. A propósito de los teatristas del norte de México*

Virgen Gutiérrez. *Mujeres de entre mares. Entrevistas*

Ileana Baeza Lope. *Sara García: ícono cinematográfico nacional mexicano, abuela y lesbiana*

Gustavo Geirola. *Teatralidad y experiencia política en América Latina (1957-1977)*

Domingo Adame. *Más allá de la gesticulación. Ensayos sobre teatro y cultura en México*

Alicia Montes y María Cristina Ares (compiladoras). *Cuerpos presentes. Figuraciones de la muerte, la enfermedad, la anomalía y el sacrificio.*

Lola Proaño Gómez y Lorena Verzero / Compiladoras y editoras- *Perspectivas políticas de la escena latinoamericana. Diálogos en tiempo presente*

Gustavo Geirola. *Praxis teatral. Saberes y enseñanza. Reflexiones a partir del teatro argentino reciente*

Alicia Montes *De los cuerpos travestis a los cuerpos zombis. La carne como figura de la historia*

Lola Proaño - Gustavo Geirola *¡Todo a Pulmón! Entrevistas a diez teatristas argentinos*

Germán Pitta Bonilla. *La nación y sus narrativas corporales. Fluctuaciones del cuerpo femenino en la novela sentimental uruguaya del siglo XIX (1880-1907)*

Robert Simon. *To A Nação, with Love: The Politics of Language through Angolan Poetry*

Jorge Rosas Godoy. *Poliexpresión o la des-integración de las formas en/desde la nueva novela de Juan Luis Martínez*

María Elena Elmiger. *DUELO: Íntimo. Privado. Público*

María Fernández-Lamarque. *Espacios posmodernos en la literatura latinoamericana contemporánea: Distopías y heterotopíaa*

Gabriela Abad. *Escena y escenarios en la transferencia*

Carlos María Alsina. *De Stanislavski a Brecht: las acciones físicas. Teoría y práctica de procedimientos actorales de construcción teatral*

Áqis Núcleo de Pesquisas Sobre Processos de Criação Artística Florianópolis. *Falas sobre o coletivo. Entrevistas sobre teatro de grupo*

Áqis Núcleo de Pesquisas Sobre Processos de Criação Artística Florianópolis. *Teatro e experiências do real (Quatro Estudos)*

Gustavo Geirola. *El oriente deseado. Aproximación lacaniana a Rubén Darío.*

Gustavo Geirola. *Arte y oficio del director teatral en América Latina. Tomo I México - Perú*

Gustavo Geirola. *Arte y oficio del director teatral en América Latina. Tomo II. Argentina – Chile – Paragua – Uruguay*

Gustavo Geirola. *Arte y oficio del director teatral en América Latina. Tomo III Colombia y Venezuela*

Gustavo Geirola. *Arte y oficio del director teatral en América Latina. Tomo IV Bolivia - Brasil - Ecuador*

Gustavo Geirola. *Arte y oficio del director teatral en América Latina. Tomo V. Centroamérica – Estados Unidos*

Gustavo Geirola. *Arte y oficio del director teatral en América Latina. Tomo VI Cuba- Puerto Rico - República Dominicana*

Gustavo Geirola. *Ensayo teatral, actuación y puesta en escena. Notas introductorias sobre psicoanálisis y praxis teatral en Stanislavski*

Argus-*a*

Artes y Humanidades / Arts and Humanities

Los Ángeles – Buenos Aires

2020

www.ingramcontent.com/pod-product-compliance
Lightning Source LLC
Chambersburg PA
CBHW031626160426
43196CB00006B/294